경이로운 한국인

장클로드 드크레센조 지음 | 이소영 옮김

경이로운 한국인

ETONNANTS
CORÉENS

마음의숲

한국사람들은 어떤 힘으로 사는 걸까

일상을 연구하는 민족학자는 오래된 관습의 이면과 일상 속의 사소한 몸짓에 숨겨진 다양한 요소를 발견하고자 한다. 일례로 한국인들이 병원에 가는 모습만 보아도 이제껏 지녀온 관점이 바뀌고 이 나라에 대한 궁금증이 생긴다. 이처럼 문화 분석의 큰 틀에서 벗어나 사람들의 일상을 직접 들여다보는 것이야말로 한국을 이해하기 위한 또 다른 방식이 될 수 있을 것이다.

정말이다.

한국은 휴전 국가이면서도 막상 전쟁 분위기는 거의 느

껴지지 않는 나라다. 1990년대 말부터 치밀하게 준비해 온 소프트파워의 결실로 이 나라는 자국의 영화와 드라마, 대중음악을 아시아 여러 국가에 수출하기 시작해서 이제는 전 세계에 한국 문화를 알리는 그 어려운 일을 해냈다. 무슨 말이 더 필요하겠는가. 한국 최고를 넘어 이제 세계적인 K-팝 그룹으로 통하는 BTS가 국내 총생산의 0.3프로를 차지한다. 참고로, 삼성이 20프로다.

정말이다.

전 세계에서 한글과 한국말을 배우고, 대학의 한국학 수요도 급증하는 가운데 한국어 교재가 쏟아져나온다. 파리만 해도 2백여 곳의 한식당이 있고, 베스트셀러를 꿈꾸며 몇몇 출판사에서 한국소설을 앞다투어 사들이기 시작했으며, 한국문학 전문 출판사가 설립되고 문예지가 창간된 지도 15년이 되었다. 한국의 술과 요리, 과감한 유행은 여전히 화제가 되는 가운데 이 나라를 찾은 외국인 관광객 수는 2003년 4

백만 명에서 2019년 천 7백만 명으로 네 배 이상 증가했다.

서점에서도 한국 관련 도서가 종종 눈에 띄고, 한국 문화와 정치, 경제에 대한 분석과 연구가 곳곳에서 이루어지고 있다. 드라마와 K-팝, 요리 같은 다양한 주제를 다루는 웹사이트도 수두룩하다. 여기서도 한국, 저기서도 한국 이야기가 들리지만, 근거 없는 정보가 돌 때도 있다. 프랑스에서는 아직 '한국통'을 보기 어렵고, 동아시아 전문 기자들이 있다고는 해도 이 나라 사정에 밝은 경우가 드물다.

정말이다.

한국이라는 나라에 대해서는 많이들 언급하지만, 한국인들에 관해서는 과연 어떤가? 통계 수치나 역사적 사건 속에 나타나는 집단으로서가 아니라 일상에서 마주치는 평범한 사람들이 어떻게 사는지, 가정과 식당, 병원 같은 곳에서는 어떤 행동을 하는지, 어떻게 인사하고 어떻게 사랑하며 어떻게 죽음을 맞이하는지에 대해서는 거의 모르는 게 사실이다.

이 책은 바로 이런 궁금증에서 태어났다. 그 출발점에는 두 요소, 즉 '만남'과 '한국인'이 있는데, 이를 바탕으로 '한국인들과의 만남'에 대한 책을 구상하게 된 것이다.

어떤 사람을 처음 만나거나 무엇을 최초로 접한 날이 몇 년 몇 월 며칠이었다고 딱 잘라 말할 수 있을까? 기억에 오류가 없다는 전제 아래 그저 단순한 숫자의 나열에 지나지 않을 이 날짜를 굳이 시작점으로 정해야 할 이유가 있을까? 아니면 달력에 쓰인 날짜를 제쳐두고, 그리고 이렇게 함으로써 그간 일어난 여러 가지 일을 설명하기 어려워진다고 해도 이 같은 만남이 비로소 의미를 갖게 된 바로 그 순간을 기준으로 삼는 편이 맞을까? 이 경우 실제 날짜부터 그 만남이 의미를 지니게 된 날까지 그 사이에 어느 정도 시간이 흘렀다는 사실을 스스로 받아들여야 할 테다. 한데 참으로 애석하게도 우리의 삶이 새로운 의미를 띠게 된 순간이 정확히 이날

이때였다고 콕 짚어서 알려주는 '방사성 탄소 연대 측정법' 같은 것은 애당초 존재하지 않는다.

그러니 이 같은 난관에서 한시라도 빨리 벗어나기 위해서는 되든 안 되든 일단 날짜부터 정해놓고 시작해야 할 것이다. 이런 의미에서 내가 한국이라는 나라와 처음 만난 날, 그러니까 경이에 찬 눈으로 이 "고요한 아침의 나라"를 발견한 날이 언제였는지는 분명하게 밝힐 수 있다. 여기서 내가 다루려는 주제는 새로운 것, 더 나아가 기이해 보이기까지하는 것 앞에서 느끼는 '놀라움'이 아니다. 놀라움은 의외의 그 무엇, 우리의 허를 찔러 한동안 넋 나간 채로 내버려두는 그 무엇 앞에 돌연 처하게 될 때 발생하는 현상이다. 놀라움은 불쑥 들이닥친 낯선 것 앞에서 우리를 멍하게 만든다. 마음의 준비도 없이 그저 방심하고 있는데 불의의 사건처럼 놀라움이 느닷없이 덮쳐버린 것이다. 이 같은 관점에서 볼 때 놀라움은 행위의 근원이 되기도 하지만 대개는 반응의 원천이다. 놀라움은 예측하지 못한 것, 익숙하지 않은 것, 통상적이지 않은 것 앞에서 경험하는 수동적인 감정이다. 하지만 놀라움이 가시고 나면 아무 느낌 없이 덤덤하다. 놀란 걸로 다 끝났다는 말이다.

한데 '경이'는 그렇지 않다. "경이는 놀라움의 역학이 아니라 홀림의 신비에 속한다"[1]라고 실비 제르맹도 말한 바 있다. 가령 복권에 당첨되었다는 사실을 알게 되면 당신은 우선 이게 꿈인가 생시인가 싶어 볼을 연신 꼬집어볼 것이다. 뒤이어 오만 가지 감정에 휩싸일 수도 있다. 하지만 무슨 일로 이 같은 행운이 당신을 찾아온 건지 알아볼 마음은 조금도 들지 않는다. 당첨됐으면 됐지 뭘 더 어쩌란 말인가! 그보다는 이 돈으로 뭘 하면 좋을까 궁리를 거듭할 게 분명하다.

경이는 이것과는 상이한 감정이다. 당신은 대체 무슨 이유로 이런 일이 다른 누구도 아닌 바로 자신에게 일어난 건지 알고 싶어진다. 사회 분위기나 당신이 사는 지역, 심지어 정치적 상황과 상관이 있나 궁금하고, 복권 시스템이 어떻게 돌아가고 추첨은 어떤 식으로 이루어지는지도 의문이다. 동시에 이 같은 일생일대의 사건을 여러 맥락과 이어보기도 하고, 이런 일이 다른 시기에 일어났으면 어땠을까 가정도 해보았다가 이제껏 살아온 삶의 여정을 되돌아보기에 이를 수도 있다. 요컨대 당신을 찾아온 행운이 마냥 신기하면서도 한편으로는 의아한 것이다.

따라서 경이는 단순히 깜짝 놀란 것과는 결이 다른 감정이다. 경이는 우리 안에서 길을 터 가는 그 무엇이고, 이해의 장을 열어주는 그 무엇이며, 결국 우리 존재를 바꾸어놓는 그 무엇이다. 우리의 내면에서 그것이 아무리 근사한 것이라 해도 단일한 감정만 불러일으키는 놀라움과는 딴판이라는 얘기다. 경이는 "절로 일어나는 반사 작용이 아니라 주체의 주관성을 작동시키는 시선의 전환에 속하는 것"[2]이다. 놀라움은 사그라들지만, 경이는 '왜?'라는 물음의 연속으로 생각을 이어가도록 부추긴다. 경이는 철학의 시원始原에 존재하는 감정 중 하나로, 그 바탕에는 놀라움이 무엇에서 비롯되고 어떻게 생겨났는지 모른다는 사실이 전제된다. 경이를 둘러싼 성찰은 놀라움과 결부된 이 두 가지 의문에 뿌리를 둔다.

따라서 대개는 놀란 이후에 경험하기 마련인 경이는 주관화의 또 다른 방식을 작동시키고, 자신의 내면에서 일어나는 작용에 대해 스스로 질문할 것을 요구한다. 어떤 사물이나 현상을 처음 접하고 화들짝 놀란 가슴을 쓸어내리고 나면 방금 보고 듣고 알게 된 것을 가지고 무얼 할 수 있을지 묻거나 우리 안의 어떤 길이 열려 전에는 몰랐던 사실을 새삼 깨닫게 될지가 궁금해지는 것이다. 그리고 바로 이 지점에서 지성적이면서도 개인적인 역학이 작동하기 시작한다.

그 한 예로, 나는 한국사람 상당수가 새끼손가락을 바닥에 괴고 글씨를 쓰는 모습이 너무나 신기한데, 사실 특이하다고 생각만 하고 그냥 지나칠 수도 있는 일이다. 하지만

이 같은 자세가 어디서 비롯됐는지 궁금해서 스스로 알아보는 것이다. 무엇인가를 보고 신기하게 여기지 않았더라면(그리고 한국인 친구들이 그런 나를 보고 외려 의아해하지 않았더라면) 나 또한 그런가 보다, 하고 금세 잊어버렸을지도 모른다. 따라서 놀라움에서 경이로 건너가려는 이가 시도하는 것은 바로 '일상의 인류학'이다. 이를 위해 나는 초등학교에 갓 입학한 아이들이 어떻게 글씨 쓰는 법을 배우는지 알아보아야 하고, 자음과 모음이 결합되어 네모꼴을 이루는 한글이라는 문자의 모양이 이 같은 자세에 어떤 영향을 미치는지도 연구해야 할 것이다. 어쩌면 옛한글의 형태에 대한 조사가 필요할지도 모른다.

경이를 철학의 제1 원인으로 여긴 플라톤과 아리스토텔레스의 본을 받아 나 역시 근원으로 돌아가 새롭게 출발하고, 나를 놀라게 한 그 무엇, 설령 흥미를 느꼈다고 해도 그냥 그렇구나, 하는 정도로 그치지 않고 더 멀리 나아가게 만든 그 무엇에 대한 설명을 찾아야 하는 것이다. 이 책은 한국과 프랑스 양국의 독자를 대상으로 하는 만큼 두 나라의 이모저모를 견주어보는 내용이 심심찮게 나오는데, 사실 이 책의 주제인 '경이'를 돋보이게 하려는 의도이기도 하다.

최초의 철학자들을 사색의 길로 이끈 것이 바로 이 경이라는 감정이다. 따라서 경이는 지적인 관심과 조금 전 자신이 발견한 것에 그 어떤 의미를 부여하고자 하는 의지가 만나는 지점에서 발생한다. 이 같은 맥락에서, 그리고 감정이 수반되기보다는 성찰의 성격을 띠는 사유 방식으로서의 경이는 어떤 사물이나 현상 앞에서 사뭇 신기해하고 의아하게 여기는 이가 자신의 시선을 바꾸기 위해 기꺼이 나서는 여정이라고 할 수 있다.

정말이다.

내게 한국이라는 나라와의 첫 만남은 어떻게 보면 내게

처음으로 이 같은 경이를 느끼게 해준 어느 한국인과의 만남이라고도 할 수 있다. 그 장본인은 다름 아닌 내 장인어른으로, 빼어난 바리톤이자 저명한 대학교수이셨다. 어쩌다 보니 미래의 장인어른이 되실 분을 처음 뵙는 자리에 나는 혼자 나가게 되었다. 그때의 기억을 되짚어보자면, 아주 오래전, 그러니까 결혼 전의 일로, 지금은 내 안사람이 된 김혜경 교수가 그날 마침 모처에 통역을 하러 가는 바람에 나 혼자서 인사드릴 수밖에 없었던 것이다. 당시 나는 한국말을 할 줄 몰랐고, 그분도 프랑스어나 영어를 못하셨다. 그런데도 그날 아침, 우리는 남산을 산책하며 많은 이야기를 나누었다.

어느 나라 말로 의사소통을 했는지 묻지 말기 바란다. 아마도 우리 둘만 아는 수화 같은 언어로, 프랑스어와 영어와 한국어가 뒤섞인 종잡을 수 없는 말이었을 것이다. 요컨대 뻔히 그려지면서도 흔히 겪기는 어려운 상황이었다. 수다스러운 프랑스 남자와 과묵한 한국 남자가 희한하게 말이 통했는데, 통한다고 착각을 한 걸 수도 있지만, 예전부터 서로 알고 지낸 것처럼 대화가 끊이지 않았다. 한국에서 처음 맞은 그날 아침을 생각하면 아직도 가슴이 뭉클하다. 이 같은 지칠 줄 모르는 끈기가, 아버지뻘에 말수도 거의 없는 어른이, 수많은 제자와 후학의 존경을 받는 교수님이자 성악가이신 분이 언어와 문화, 지위와 연령의 장벽을 넘어 멀리서 온 나와 소통을 하려고 손짓발짓 다 하면서 애쓰는 모습이 그저 신기하고 놀라울 뿐이었다. 더구나 한국처럼 체통을 중시하는 나라에서 평생을 살아오신 분이 말이다.

내 마음속에 최초의 '경이로운 한국인'으로 영원히 기억될 장인어른께 이 작은 책을 바치고 싶다.

차례

3부   과거와 현재를 잇는 한국인다움

4부 　　　오지랖을 유전자에 심은 민족

5부   삶의 전략으로 택한 실용주의

6부 치열하게, 때로는 느긋하게

7부   경이로운 사람들이 모여 이룬 나라

일러두기

온갖 재미난 이야기가 가득 담긴 책을 기대한 독자라면 자신이 신기하게 생각한 것이 여기에는 나오지 않아 적잖이 실망할 수도 있다. 나로서는 내가 할 수 있는 선에서 최대한 넓은 범위를 포괄하고자 했지만, 젊은 세대나 1인 가구의 사례까지는 충분히 다루지 못한 것 같다. 그런 의미에서 이 책이 지향하는 바는 갖가지 사례를 빠짐없이 제시하는 것이라기보다는 오래전부터 한국을 드나들면서 이 나라 사정을 어느 정도 알기는 해도 여전히 낯선 시선으로 바라볼 수밖에 없는 한 이방인이 '경이'라는 감정을 통해 한국 문화를 어떻게 이해하는지를 보여주는 것이라고 할 수 있겠다.

마지막으로 한 가지 당부를 덧붙이고 싶은데, 서양사람 눈에 신기한 것이 한국사람이 보기에는 대수롭지 않을 수도 있다는 점을 잊지 말아 달라는 것이다. 하지만 그 아무것도 아닌 걸 보고 서양사람이 의아해한다는 사실 자체가 독자 여러분한테는 외려 의아할 듯싶다.

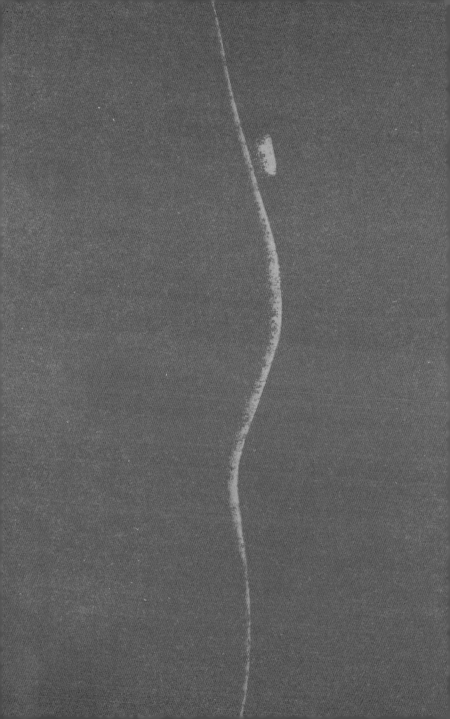

1부

말 속에 감춰진
따뜻한 마음씨

한국인들의 정감 넘치는 호칭

프랑스식으로는 '마담madame'이라고 부르는 음식점 여종업원에 대한 호칭이, 참으로 신기하게도 한국에서는 상대를 어느 정도 존중하느냐에 따라 '아줌마' '아주머니' '아주머님'으로 나뉘거나 '실례합니다' '여기 좀 와주시겠어요' 정도의 의미를 지니는 '저기요'라는 비인칭적인 표현으로 대체된다. 하지만 '이모'라고 부르는 손님들도 심심찮게 볼 수 있다.

'이모'는 본래 어머니의 언니나 여동생을 지칭하는 말이다. 아버지의 누나나 여동생이면 '고모'라고 한다. 여자 손님들은 좀 더 조심스러워서 '아줌마' '아주머니' '아주머님'

으로 부르거나 자신보다 나이가 많으면 '언니'라고 부른다. 상대방이 자기보다 어리면 '저기요'라고 하거나 '아가씨'라고도 부른다. '아가씨'라는 호칭은 점점 사라지는 추세이긴 하다. 보다시피 한국어 호칭은 여간 어렵지 않다.

하지만 테이블에 음식을 갖다주시는 분을 '이모'라고 부를 때마다 나는 마냥 즐겁다. 식당에서 일하는 사람을 제 식구처럼 부를 수 있다는 게 신기하기도 하다. 어머니와 어머니의 자매 사이가 얼마나 돈독한지를 떠올려봐도 그렇고. 또 나중에 이들이 어린아이한테 세상에 둘도 없는 든든한 울타리가 돼준다는 점을 생각해 보면 더더욱 놀랍다. 그 아이가 훌쩍 자라 식사를 하러 온 손님이 된 것이다. 이번에도 끈끈한 공동체 의식이라는 것이 다른 이와의 유대를 이어가거나 없으면 만들기라도 해야 한다는 절대적인 필요와 맞물려 작용한다.

식당에서 음식을 내오는 아주머니를 이토록 정겹고 푸

근한 호칭으로 부르면서 가족의 공간이 다시 생겨나고, 그러면 남자들은 어린 시절로 되돌아가는 기분까지 든다. 다들 알다시피 사내들은 몸만 컸지 제 엄마 눈에는 여전히 어린애가 아니던가! 그러니 '이모'가 보기에도 별반 다르지 않다는 말이다.

왜 자꾸 많이 먹으라고 할까

프랑스에서는 식사 전에 '보나페티bon appétit'라고 말한다. 식탁에서 흔히 건네는 말로, 상대도 '보나페티'라고 응수한다. 직역하면 '좋은 식욕'이라는 뜻으로, 식사가 끝날 때까지 입맛을 잃지 않기를 바라는 뜻에서 주고받는 말이다.

한국에서는 좀 다르게 말한다. 가장 자주 쓰는 말은 '많이 먹어'로, 높임말로는 '많이 드세요'나 '많이 잡수세요'라고 한다. 집주인이나 식당에 식사 초대를 한 사람이 이렇게 말한다. 프랑스어의 '보나페티'에 해당하는 표현이지만, 엄밀히 말해 '많이 드세요'는 손님의 입맛보다는 위장의 크기와 관련이 있다. 초대를 받은 사람은 '잘 먹을게요'라고 대답하거나 좀 더 격식을 차리고 싶다면 '잘 먹겠습니다'라고 한다. '많이 드세요'에 이어 '천천히 많이 드세요'라는 말이 뒤따르기도 하는데, 듣는 입장에서는 여간 당혹스럽지 않다. 특히 한 상 가득 음식을 차려놓은 식당에서 이런 말을 들으면 초대한 사람이 시키는 대로 하나하나 맛보면서 매번 시식평을 내놓아야 하나 싶어 부담스럽기까지 하다.

한데 굳이 그런 말을 하지 않아도 한국 요리는 천천히 먹을 수밖에 없다. 갖가지 반찬을 젓가락으로 일일이 집어 먹으려면 시간이 적잖게 걸리기 때문이다. 게다가 바닥이 보이기도 전에 잔을 채우고 연신 건배를 권하는 통에 시간 가는 줄 모르고 흥겨운 분위기가 이어진다. 프랑스인들은 과식하지 않으려고 조심하는 편이지만, 한국인들은 보릿고개 시절의 서러운 기억 탓인지 맛있게 식사하는 것만으로는 부족하고 배가 터질 만큼 많이 먹어야 한다고 서로서로 부추긴다.

손님한테 미련이 많은 가게 주인

가게에서 물건을 구입하고 나면 주인이나 점원은 잘 가라는 인사 대신 '또 오세요'라는 부탁 조의 말을 건넨다. 이 말인즉 '마음에 드셨으면 딴 데 가지 마시고 다시 오세요'라는 의미다. 상인과 손님의 관계는 대개 단순한 작별 인사로 끝나는 편이나, 암묵적인 동의에 따라 다시 보자고 약속하거나 요청하면서 관계를 이어갈 뜻을 비추는 경우도 드물지 않다.

고객의 재방문을 바라는 마음에는 물론 처음 온 손님을 단골로 삼고 싶은 소망이 깃들어 있지만, 그 너머에는 새로운 관계를 만들고자 하는 의도 또한 존재한다. 한국인들과의

교류에서 흔히 볼 수 있듯 이 최초의 방문으로 상호 간에 그 어떤 감정이 싹트게 되었을 때는 더욱 그렇다.

이 같은 당부는 프랑스 가게에서는 절대 들을 수 없는 말로, 점원은 물건을 판매하는 걸로 제 할 일을 다 했다고 여기기 때문이다. 다시 말해 해줄 건 다 해줬으니 더 이상 미련이 없다는 뜻이다.

한국식 작별 인사

한국의 공동체 문화에서는 관계의 지속성이 중요하기 때문에 작별만큼 고역인 순간도 없다. 한국사람들이 전화를 끊는 모습만 봐도 이를 알 수 있는데, 실컷 수다를 떨고 나서도 작별 인사 대신 계속 '네, 네'(또는 '예, 예')라고 하고, 상대도 연신 '네, 네'라고 대꾸하는 것이다. 그리고 또 다른 '네, 네'가 곧바로 이어진다. 끝없는 '네, 네'의 돌림노래다. 물론 목소리의 높낮이는 변주된다. 그러다 보면 마침내 대화가 끝나는데, 어느 한쪽이 지쳐서 나가떨어질 때까지 돌아가며 '네, 네, 네, 네'를 무한 반복한다. 프랑스식 작별인사의 칼같이 잘라내는 듯한 쌀쌀맞은 말투와는 딴판이다.

서양사람 눈에는 친구 사이든, 처음 만난 사람들끼리든 판박이로 벌어지는 이 같은 작별 장면이 여간 흥미롭지 않다. 대로변에서 헤어지든, 사적인 공간에서 이별하든 매한가지다. 무슨 이야기를 한참 나누고 또 무슨 약속까지 하고 나서 비로소 고개를 꾸벅이며 인사를 한다. 상대가 뭔가를 하면 당신도 되받아줘야 하기 때문이다.

프로방스의 우리 집에는 한국 손님들이 곧잘 찾아오는데, 그때마다 눈물 없이는 볼 수 없는 장면이 되풀이된다. 차여러 대를 나눠 타고 떠날 때도 한국인들은 누구 하나 먼저 가려고 하지 않는다. 한동안 못 만날 사이면 인사는 더더욱 길어진다. 하지만 놀랍게도 금세 또 볼 사람들도 별반 차이가 없다. 상대를 내버려두고 먼저 자리를 뜨는 것만큼 예의 없는 짓도 없다고 여겨서인 것 같다.

되돌아온다는 약속

모든 언어는 저마다 놀랍고 독특한 면이 있다. 그중에서도 내가 보기에 유독 재미난 표현이 있는데, 바로 '갔다 올게'다. 잠시 어디에 들렀다 온다고 알릴 때, 가령 가게에 뭘 사러 간다든지 할 때 상대에게 하는 말이다.

그런데 한국사람들은 카페나 식당에 같이 있다가 화장실에 갈 때도 이렇게 말한다. '화장실'이라는 단어를 대놓고 언급하지 않는다는 게 큰 장점으로, 자리에서 일어나면서 '갔다 올게'라고 하는 걸로 충분하다. 물론 화장실에 갔다가 다시 온다는 의미인데, 프랑스 어느 코미디언의 말마따나

"뒷간이 하도 아늑해서 거기서 죽치고 살기로 마음먹지 않은 이상" 그렇다는 소리다.

하지만 무엇이든 곧이곧대로 말하는 한국어의 특성이 여기서는 적용되지 않는데, 화장실에 가면 어차피 되돌아올 수밖에 없기 때문이다. 반드시 돌아온다고 알려주면서까지 상대방을 안심시켜야 하는 걸까? 그때까지 어디 가지 말고 가만히 기다리고 있으라는 소릴까? 아니면 갑작스러운 생리 현상을 감추려고 황급히 둘러대는 말일까? 알 수가 없다. 어쨌든 중요한 건 상대를 다독이는 것이다. 대화가 지루해서 도망갈 틈만 기다리고 있던 게 아니라고 알려줘야 한다는 얘기다.

되돌아온다는 약속은 고독, 더 나아가 죽음에 대한 저항이다. 남은 시간을 홀로 보내지 않으리라는 확신이고, 언제라도 그가 되돌아온다는 의미다. '갈게'라는 말은 상대를 어떠한 조건에 처하게 한다. 돌연 텅 빔이 드러나고, 그 속에서 자신의 벌거벗음만 오롯이 남는다. 짜증 나는 사람이 한 말이 아닌 이상 '갈게'라는 말이 무관심을 낳는 경우는 없다. 이 말이 나타내는 단절은 돌이킬 수 없는 것이다. 모든 떠남 은 작은 죽음이다.

바로 그 순간, '올게'가 구원처럼 등장한다. 문득 솟아오 르는 것은 텅 빔이 아니라 여백이고 괄호이며 숨결이다. 어울 림이 즐거우면 '올게'라는 말은 기대되고 기다려지며 간절 해진다. 모든 것이 이어질 수 있다. 찰나의 단절에 되돌아오 겠다는 약속이 덧붙여지는 것이다. 이제 남은 시간을 외롭게 보내지 않아도 된다. 이때 '갔다 올게'라는 복합동사는 상황 을 아우르는 의미를 지니게 되면서 완성된 형태, 전체이자 거의 전제적인 말이 된다. 우연이 깃들 자리는 없다. 한국어 는 모든 전략이 가능한 이 같은 모호한 상태에 당신을 내버 려두고 싶어 하지 않는 듯하다. 화장실에 가는 것처럼 사소한 행위 속에서 '지금은 떠나지만 다시 돌아오는 거야'라는 의 미를 포함한 말은 돌연 충만한 시공간으로 변모한다.

되돌아온다는 이 같은 약속에는 화자와 타인을 이어주는 결속을 깨뜨리지 않겠다는 의지가 내포되어 있다. 한국에서뿐 아니라 가령 나폴리 같은 도시에서 한 사람은 다른 이 없이 살 수 없고, 그 자신이 타인의 일부라는 감정은 강력한 것이다. 이에 대해 엘레나 페란테는 "절대적인 고요 속에 머무르든 요동치는 사건에 휘말리든, 순진무구한 사람이든 죄악에 물든 인간이든 우리는 저마다 타자들이 모여 이루어진 존재다"[3]라고 아름답게 표현한 바 있다.

호칭 속에 숨겨진 관계도

한국어에는 상당수의 호칭이 존재하는데, 이 같은 호칭은 상황이 아닌 사람에 따라 달라진다. 그 예로 똑같은 여성을 두고, 부르는 사람이 나이가 더 어린 남자면 '누나'라고 부르고, 더 어린 여자면 '언니'라고 한다. 호칭은 부르는 이를 기준으로 한다. 자신이 연장자면 따로 호칭을 정할 필요가 없고 상대방의 이름 뒤에 '씨'를 붙이면 된다. 친하지 않을 경우 그렇다. 가까운 사이면 이름이 자음이나 모음으로 끝나느냐에 따라 뒤에 '아'나 '야'를 붙여 부른다. 부모가 자식을 부르거나 형이나 오빠, 누나나 언니가 동생을 부를 때도 마찬가지다.

여기까지는 어느 정도 일반적인 호칭이다. 이외에도 가족이나 친척을 지칭하는 표현이 여럿인데, 모두 연령과 관계에 따라 정해진다. 한국어에 갓 입문한 외국인의 경우, 매우 합리적인 성향의 소유자라도 아버지와 남매면 '고모', 어머니와 자매면 '이모'라고 굳이 구별 지어 부르는 게 잘 이해되지 않을 것이다. 하지만 유교의 고유한 위계질서와 분류 체계를 알게 되면 이 같은 의문은 이내 풀린다.

무엇을 먹든 든든하게

'마음먹다'와 '밥 먹었어요?'는 확실히 재미있는 표현이다.

'마음먹다'라는 말은 '결심하다' '결정을 내리다'를 뜻하는 표현으로, 동양의 정서에서 마음은 '정신'을 의미하는데, 이 같은 마음을 음식처럼 '먹는다'라고 하는 점이 독특하다.

'밥 먹었어요?'라는 표현은 흔히 인사말로 쓰인다. 문자 그대로는 '밥', 그러니까 '쌀밥'을 먹었느냐는 뜻이고, 다시 말해 식사를 했느냐는 질문이다. 의미론적으로는 둘 다 틀린 표현이 아니다. 어떤 행위를 하기로 결심할 때는 대체로 그전에 '정신-마음'을 '스스로 먹어야', 즉 '내 것으로 만들어야'

하기 때문이다. '식사하셨습니까?'의 경우 만남의 서두에 건네는 말로, 먹고 나면 이전 상태가 어떻든 그보다는 더 나아지므로 안부 인사가 될 만하다. 굶기를 밥 먹듯 하던 이 나라 사람들은 단순히 배를 채우는 것 이상으로 든든하게 먹는 걸 중요시한다. 따라서 배고픔이 가신 정도로는 성에 차지 않고 배가 불러야 하는 것이다.

뭐든지 하나하나 짚어주는 한국어 표현

다들 알다시피 한국어는 표현이 매우 구체적이다. 일상에서 자주 쓰는 표현까지 그렇다. 가령 '문 열고 들어와' 같은 말이 이에 해당한다. 누가 어떤 공간에 들어올 때 건네는 말인데, 들어오기 전에 문을 열어야 한다는 걸 모르는 사람이 어디 있단 말인가!

한국말의 상세함은 때때로 외국인 화자를 어리둥절하게 만든다. 이 같은 정확성에 적응하는 데는 어느 정도 시간이 걸리지만, 일단 익숙해지면 이런저런 표현을 사용하는 재미가 쏠쏠하다. '사 먹다' 같은 표현이 그런데, 흔히 '사 먹자' '사 먹을까?'라는 형태로 쓰인다. 친구와 길을 가다 노릇 노릇하게 구운 붕어빵을 보고 군침이 돌면 "(저거) 사 먹을까?"라고 물어본다. 일일이 짚어 말하지 않는 다른 나라 말이라면 "(저거) 살까?"라고만 할 것이다. 먹기 전에 일단 사야 하기 때문이다. 하지만 한국인은 사고 나서 먹는 것까지 내다본다.

또 비 오는 날이면 이 나라 사람들은 어김없이 생각나는 음식이 있는데, 바로 전이나 부침개다. 전집에서 막걸리를 곁들여 바삭하게 구운 전을 즐길 수도 있지만, 집에서 직접 밀가루를 반죽해 부침개를 만들기도 한다. 알콩달콩한 부부나 사이 좋은 모녀라면 분명 "(비도 오는데) 전이나 부쳐 먹을까?"라고 운을 띄우거나 "부침개 해 먹자"라는 말이 절로 나올 것이다. 어차피 전을 부치면 먹는 건 당연한데 꼭 '부쳐 먹는다' '해 먹는다'라고 하는 게 재미있다.

모든 일은 방에서 이루어진다

프랑스어로 옮기기에 참 애매한 말이 있다. 단어 자체가 어려워서가 아니라 한국에서 사용하는 맥락이 좀 다르기 때문이다. 바로 '방'이다. '방'은 집에서는 침실을 비롯해 거실, 주방, 욕실 이외의 공간을 가리키고, 다른 곳에서는 사적인 공간이나 여럿이 모일 수 있는 공간을 일컫는다. 식당에는 일행끼리만 오붓하게 식사할 수 있는 별도의 홀인 '방'이 있고, 다 같이 어울려 가는 '노래방'도 있다. 대개 '룸'이라고 부르지만 호텔 객실도 '방'이라고 하며, 'PC방'과 '공부방', '찜질방', 그리고 심지어 '방탈출 카페'까지 이 나라에서는 모든 일이 방에서 이뤄진다.

'네'라고 해야 할지
'아니오'라고 해야 할지…

한국어 질문에서 '아니오'는 '네'를 의미한다.

"배 안 고프세요?"

"아뇨, 고파요."

프랑스어로는 불가능한 대답이다. 프랑스사람이라면
이렇게 답한다.

"배 안 고프세요?"

"네, 고파요."

프랑스어가 모국어인 사람들은 남녀노소를 불문하고
이 같은 한국식 대답에 당황한다. 그래서 이렇게 답하는 법을 배우고도 써먹지 못한다. 프랑스어 화자에게는 자신이 말할 내용이 긍정이면 대답도 긍정이어야 하는 것이다.

"배 안 고프세요?"

"네(배고픈 게 맞고요), 고파요."

반면 한국어 화자는 질문의 형식에 우선 집중한다.

"배 안 고프세요?"

"아뇨(안 고픈 게 아니고요), 고파요."

질문이 부정문이라서 긍정으로 답하기 전에 먼저 부정으로 반박하는 것이다.

프랑스어는 화자가 관계의 주체가 되지만, 한국어는 청자가 중심에 있다고 볼 수도 있다. 데카르트의 후예인 프랑스어 화자는 말할 내용이 긍정이면 대답도 긍정이어야 하고 부정이면 대답도 부정으로, 즉 일관성을 지녀야 하지만, 한국인 화자는 우선 내용보다 상대가 하는 질문 자체가 참인지 거짓인지 가린 뒤에 상황을 설명하는 것이다.

소리 나는 대로 적기는 좀 그런데…

여타의 상황이 있겠지만 특히 기분이 언짢거나 상대를 꾸짖으면서 제 의견을 강하게 피력할 때, 한국인들은 남녀를 불문하고 말끝에 단음절로 된 무슨 감탄사 같은 소리를 덧붙이는 것 같다. 외국인인 나로서는 흉내조차 내기 어려운 독특한 이 소리에는 살짝 비음이 섞인 느낌도 든다. 사전에는 '응'이라고 표기되어 있지만, 아무리 들어도 내 귀에는 '으어'나 '엉', 아니면 '형'으로밖에 들리지 않는다. 특이한 점은 이 소리를 낼 때 한국사람은 어김없이 고개를 끄덕이며 턱을 살짝 앞으로 내미는 시늉을 한다는 것이다. 설명만으로는 감이 잘

오지 않을지도 모르니 구체적인 예를 들어보겠다.

가령 딸내미가 사귀는 남자가 영 탐탁지 않을 때 이 나라의 어머니는 이렇게 나올 게 뻔하다. 우선 "어디 그놈이랑 결혼한다는 소리 하기만 해봐, 응?"이라고 아예 못을 박아버리는 것으로 시작한다('응?'이라고 적으면 어감이 전혀 살지 않지만 어쩔 수가 없다). 그래도 딸이 고집을 부리면, 땅이 꺼져라 한숨을 쉬며 "신세를 망치려고 아예 작정을 했구나, 작정을 했어, 응?"이라고 푸념을 내뱉을 게 분명하다(글자로는 제대로 전달되지 않아도 한국사람이라면 무슨 느낌인지 알고도 남을 것이다). 그러면서도 딸자식을 살살 구슬릴 텐데, 이때 영락없이 하는 말이 "다 너 위해서 그러는 거잖아, 응?"이라는 소리다(이 나라의 아들딸이라면 귀에 딱지가 앉을 만큼 많이 들었을 테니 긴 말하지 않겠다).

일상에서 흔히 쓰이는 이 감탄사는 다른 것들에 비해 유독 '입말'의 특징이 두드러진다. 어떻게 보면 문장부호 구실을 하는 셈인데, 느낌표와 물음표의 기능을 동시에 수행하는 것이다. 다들 알겠지만 약간 으름장을 놓는 듯하게 힘주어 내는 이 콧소리를 들은 사람은 대답하기 전에 두 번은 더 생각해야 한다.

놀라울 만큼 수줍고 조심스러운
애정 표현

어느 나라에나 사랑하는 연인이나 소중한 반쪽을 지칭하는 다양한 말이 있지만, 한국인들의 표현은 은근한 편이다. 1990년대부터 여자들은 애인이나 약혼자, 남편을 '오빠'라고 부르기 시작했는데, 특히 젊은 여성들이 이 말을 입에 달고 산다. 나이 든 사람들이나 윗세대들은 남자든 여자든 부부간에 '여보' '당신'이라고 하는 게 일상적이었다. 드물긴 해도 옛날 사람들은 배우자의 이름에 '씨'를 붙여 '누구누구 씨'라고 부르기도 했다.

한데 프랑스로 말할 것 같으면 온갖 동물이 다 불려 나온다. 벼룩부터 시작해 암고양이에 아기 고양이, 비둘기, 카나리아, 암탉, 오리, 암사슴까지 동물원이 따로 없다. 그뿐 아니라 '내 보물' '내 아가' '내 천사' '내 예쁜이' '내 인형' '내 임금님' '내 여왕님'까지 극진하게 떠받드는 말 일색이다. 물론 가장 많이 쓰는 말은 '몽 셰리mon chéri' '마 셰리ma chérie'로, 한국말로 하면 '자기야'쯤 될 것이다. 이것 말고도 지금 당장 생각나지는 않지만 꿀 떨어지는 말이 차고 넘친다.

애칭은 관계에서 중요한 역할을 하는 만큼, 이렇게 다채로운 표현이 실제로 깊은 사랑을 반영하는지 확인하기 위해서는 사회학적인 연구가 필요할 것이다. 느낌이나 감정을 대놓고 드러내기를 거의 금기시하는 문화 속에서 한국인들은 애정 표현마저도 놀라우리만큼 수줍고 조심스럽게 한다.

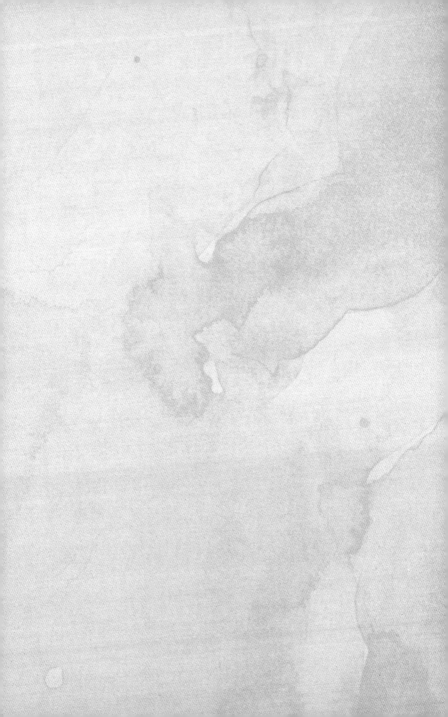

2부

먹는 것에 누구보다
진심인 사람들

홍어삼합, 한국인의 통과 의례

이름만 꺼내도 대번에 '게임 오버'가 되는 요리가 있으니 바로 '삼합'이다. 푹 삭힌 홍어에 김치 한 조각과 수육을 얹어 먹는 요리로, 그 유래에는 여러 가지 설이 있지만 며칠 동안 먼 바다로 고기를 잡으러 간 남도 어부들이 즐겨 먹은 음식에서 비롯되었다는 이야기가 전한다. 삭힌 홍어는 뱃멀미를 달래주는 동시에 페니실린 같은 항생제 구실을 한 것으로 보인다.

이 음식과 속된 말로 '맞짱'을 뜨려면 상당한 맷집이 필요하다. 그도 그럴 것이 이 음식은 등장하기 전에 냄새로 이미 '녹다운knockdown'을 시켜버리기 때문이다.

내 '첫 경험'은 오래전으로 거슬러 올라가는데, 제자의 초대로 우리 부부는 목포에서 이름난 장어구이 집을 찾았다. 한 상 가득 나온 반찬을 이것저것 맛보던 우리에게 제자는 이참에 삼합도 한번 먹어보라고 권했다. 몇 분 뒤, 접시를 든 직원이 아직 우리 가까이 오지도 않았는데 몇 미터 너머에서 코를 찌르는 듯한 암모니아 냄새가 풍겨왔다. 심하게 말해 썩은 고기 냄새가 따로 없었다. 각오를 단단히 했지만 고약하기 이를 데 없는 악취에 벌써 어질어질했다. 맛이 어땠는지는 생각도 나지 않는다. 그렇게 넋이 반쯤 나간 상태로 음식이 코로 들어가는지 입으로 들어가는지도 모른 채 간신히 '통과의례'를 거쳤다. 곰삭은 내에 압도되어 기억이 왜곡된 걸 수도 있다. 김치 조각을 곁들인 이 생선 토막에서 풍겨 나오는 콤콤하면서도 톡 쏘는 냄새에 콧속이 정수리까지 뻥 뚫려버린 것 같았다. 더 달라는 소리까지는 못해도 싫은 내색 하나 없이 꿀꺽꿀꺽 삼키는 나를 보고 모두가 혀를 내둘렀다. 한데 놀란 것은 그들만이 아니었다. 나 역시도 삼합을 먹어 치우는 내 모습에 여간 놀라지 않았다. 아무리 천성적으로 호기심이 많고 무슨 일이든 할 수 있으면 다 해보는 편이긴 해도 고약하기 짝이 없는 냄새 앞에서는 별 도리가 없을 줄 알았는데, '후덜덜한' 명성을 자랑하는 이 요리 앞에서 본능적인 거부감마저도 무릎을 꿇었으니 말이다.

두 번째 경험은 광주에서 장흥 가는 길에 있는 어느 멋진 한정식집에서 지역 출신 유명 인사와 함께한 자리였다. 홍어삼합을 통째로 맛볼 수 있는 흔치 않은 기회였지만, 아쉽게도 할 말이 별로 없다. 빈속으로 세 시간이나 고속버스를 타고 달려간 탓에 한국사람보다도 한국음식을 더 잘 먹는다는 평판이 무색하게 한두 입 만에 젓가락을 내려놓고 말았기 때문이다.

요컨대 홍어삼합은 한국을 찾은 외국인에게 입문 의식을 넘어 통과 의례가 될 만한 경험이다. 통과 의례는 평범한 개인이 상위의 존재로 탈바꿈되는 과정을 의미한다.[4] 부르디외[5]는 '구별 짓기'의 한 의식으로서 통과 의례가 지니는 역할을 강조하는데(이 경우, 세상은 '삼합을 먹은 사람'과 '먹지 않은 사람'으로 나뉜다), 그도 그럴 것이 일단 한국사람도 고개를 절레절레하고 상당수가 입에 대본 적도 없다는 삼합을 '통과'하면 또 다른 우주에 들어섰다는 의미이기 때문이다. 주위에서는 '삼합 경험자'로 당신을 인정할 것이다(대개는 근사한 한정식집에서 맛보는 요리여서인지 더 쳐주는 분위기다).

여하튼 이를 계기로 나는 '삼합 경험자 클럽'의 어엿한 멤버가 되었고, 소문이 퍼지면서 사람들은 나를 초대할 때마다 다짜고짜 삼합부터 권했다. 그렇게 만인의 기대를 저버리고 나는 이 음식에 결국 적응해 버렸다. 두 번 다시 이런 걸 먹으러 오면 내가 사람이 아니라고 진저리 치게 만드는 악취가 콧구멍을 사정없이 찔러대지만, 지독한 냄새에 무뎌지고 나면 언제 그랬냐는 듯 아무렇지도 않게 즐거운 식사가 이어지는 것이다.

한국의 국민 음식

많은 외국인의 생각과 달리 이 나라의 '국민 음식'은 불고기나 삼겹살, 심지어 삼계탕도 아니고, 1960년대 이 나라에 처음 들어온 즉석식품, 그러니까 '라면'이다. 증기로 익히고 기름에 튀겨 말린 면에 각종 화학 첨가물이 첨가된 분말 스프를 곁들인 식품으로, 조리가 매우 간편하다. 끓는 물에 3분 정도 넣고 면을 익히면 남녀노소 누구나 맛있게 한 끼 해결이 가능하다. 야근을 하고 밤늦게 귀가한 아저씨도 손쉽게 끓여 먹을 수 있는 라면은 한국의 진정한 '국민 음식'으로 면을 끊지 않고 후루룩 소리를 내며 들이켜는 것, 이른바 '면치기'

를 하는 게 '국룰'이다. 참고로, 너무 빨리 삼키면 혀를 데기 십상이다.

한국 드라마는 의사 선생부터 택시 기사 양반까지 너나 할 것 없이 즐기는 이 음식을 전면에 내세운다. 분위기 좋은 레스토랑에서 식사를 하고 나서도 갑자기 라면이 '땡긴다'라는 사람이 꼭 있다. 영양학자들은 이 인스턴트 식품을 지나치게 섭취하지 말라고 권장하는데, 건강에 좋지 않고 과체중을 유발하는 데다 다음 날 아침 얼굴이 퉁퉁 부을 수 있기 때문이다. 하지만 나 역시 열렬한 애호가인지라 이 음식을 탓할 생각은 없고 다만 적당히 드시라고만 하고 싶다.

한국인들의 짜릿한 면치기 실력

한국사람들은 라면이든 짜장면이든 냉면이든 면 요리라면 사족을 못 쓴다. 라면은 명실상부 이 나라의 '국민 음식'이자 떡볶이와 더불어 한국인의 대표적 '소울 푸드'다. 최고의 한국 요리는 아닐지라도 값이 싸고 몇 분이면 조리가 뚝딱인 데다 후다닥 먹고 치울 수 있다. 먹는 것에 진심인 이들은 달걀도 하나 톡 깨뜨려 풀고 대파나 청양고추까지 송송 썰어 넣어 최고의 맛을 끌어낸다.

앞에서 본 것처럼 라면을 포함한 모든 면 요리는 후루룩 소리를 내며 면발을 흡입하는 게, 그러니까 '면치기'를 하는 게 제맛으로, 여러 이유가 있지만 이렇게 들이켜면 김이 펄펄 나는 뜨거운 면이 어느 정도 식기 때문이다. 한데 얼음까지 둥둥 띄워 차갑게 먹는 냉면도 똑같이 한다.

여하튼 이때 나는 후루룩 소리는 사람에 따라 귀에 거슬릴 수도 있는데, 그도 그럴 것이 음식은 조용히 먹는 게 예의이기 때문이다. 대부분 나라에서도 입을 다물고 아무 소리를 내지 않는 것이 식사 예절이다. 한국에서는 예전부터 면을 끊지 않고 기다랗게 늘어뜨려 한 번에 삼키는 게 일반적이었고, 주로 연세가 지긋하신 분들이 국수를 잡수실 때 후루룩 소리를 내셨다고 한다.(프랑스에서는 수프를 이같이 마시곤 했는데, 벨기에 출신의 널리 알려진 샹송 가수 자크 브렐이 부른 〈그치들Ces gens-là〉이라는 유명한 노래에도 이와 관련한 익살맞은 풍자가 나온다).

하지만 오늘날은 어르신뿐 아니라 중장년층과 젊은이들도 다 그러는 분위기다. 특히 국숫집이나 냉면집에 가면 여기서도 후루룩, 저기서도 후루룩하는 소리에 무슨 콘서트라도 온 기분이다. 아니, 사돈 남 말 할 게 아니다 음식을 먹을 때 소리를 내면 안 된다고 어릴 적부터 밥상머리 교육을 단단히 받았건만 어느새 나 역시도 나동그라진 진공청소기 같은 소리를 내며 폭풍 흡입을 하고 있었다. 그제야 '아아, 바로 이 맛에 냉면을 먹는구나!' 하는 생각이 들었다. 젓가락으로 냉면 가락 끄트머리를 잡고 면발의 길이감 자체를 즐기며 쭉 들이켜는 게 아무 소리도 내지 않고 한입씩 꼭꼭 씹어 먹을 때보다 몇 배는 더 맛있는 것 같았다. '컬처 오블리주culture oblige'라고, 풀어 말해 평생 보고 배운 게 그런 탓에 여전히 오물오물 먹는 편이긴 해도 가끔은 체면이고 뭐고 다 놔버리고 후루룩 소리를 내며 들이마시곤 하는데, 그게 그렇게 짜릿할 수가 없다. 이 소리는 일종의 '코드'로 작용하고 '면치기'라는 의식을 통해 모든 면 요리 애호가들은 그 순간 너나없이 하나가 된다. 면발을 들이켜는 후루룩 소리야말로 공동체의 일원으로 받아들여지는 '공인 절차'인 셈이다.

도대체 몇 차까지 가는 거지?

한국인들은 프랑스인들과 달리 식전주를 즐겨 마시는 것 같지는 않지만, 술 마시는 장소를 바꾸는 건 몹시 좋아하는 듯하다.

식당에서 다 같이 저녁을 먹고 나서는 술집('술'이라는 명사와 '집'이라는 명사가 합쳐진 흥미로운 단어로, '유흥업소'의 느낌도 있어서 예전보다는 덜 쓰는 분위기다)이나 바 같은 데로 자리를 옮긴다. 이렇게 다 함께 어울려 이른바 술집이라는 곳을 가면 몇 차까지 이어질지는 아무도 모른다. 이때 '차次'는 '번'이나 '차례'라는 뜻의 한자로, 프랑스말로는 '투르네 tournée'에 해당한다. 두 번째 장소, 그러니까 2차 다음에는 세 번째 장소, 즉 3차가 이어지고, 참석자들의 연령과 건강, 컨디션에 따라 4차, 5차까지도 간다. 몸이 받쳐주지 않으면 가능하지 않은 일이다.

　이런 관습은 프랑스에도 존재한다. 레스토랑에서 여럿이 식사를 하고 나서 헤어지기도 하지만, 누군가 "어디 가서 한잔할까?"라고 운을 띄우기도 하기 때문이다. 요즘 젊은이들은 간혹 여기저기 옮겨 다니며 술을 마시기는 해도, 이 같은 행위를 통칭해서 '차'라고 하지는 않는다. 그보다는 특정 장소의 이름을 콕 짚어 "거기 가서 한잔할래?"라고 하는 편이다.

　반면 한국에서는 한 곳에서 다른 곳으로 이동하는 이 같은 행위를 일컫는 '차'라는 말이 따로 있는데, 술이 곁들여진 저녁 모임의 '단계'를 의미하는 이 '차'라는 의존명사를 2, 3등의 숫자 뒤에 붙이는 것이다. 따라서 "어디 가서 2차 할래?"라는 식으로 말하면 된다. 술자리가 길어질 것 같으면 처음부터 "1차 가자"라고 한다. 그러고 나서 2차, 3차 쭉 이어지는 것이다.

한데 이 '차'라는 말은 어떤 행위를 하는 횟수뿐 아니라 다 같이 어울리는 시간을 의미하기도 한다. 소속을 나타내는 표지이자 그 자체로 하나의 세계를 이룬다는 말이다. 이렇게 밤이 깊어 가고 2차, 3차로 이어지면서 정이 들고 유대가 깊어진다. 대개 "한잔하러 갈까?"라고 할 때 한국사람들은 소주나 맥주, 또는 위스키나 고량주로 통일을 한다. 각자 좋아하는 술을 시키는 프랑스인들과는 달리 한국인들은 같은 술을 마시는 편이다. 이 나라 사람들의 공동체 의식이 느껴지는 대목으로, 무리 중에서 혼자만 튀고 싶지도 않을뿐더러, 가령 됫병에 담은 고량주나 오래된 위스키 같은 술을 나눠 마시면 한 가족이 된 듯한 느낌이 들기 때문이다.

물론 이같이 술자리를 이어가는 방식이 늘 가능한 것은 아니다. 이를테면 두메산골 같은 데서는 2, 3차로 딱히 갈 곳이 없다. 따라서 그나마 한 군데 있는 식당에서 식사를 한 뒤에는 라면이나 김밥 등을 사서 집으로 돌아오거나, 외지에서 놀러 온 경우라면 여관방에서 2차를 벌인다. 나도 몇 차례 그런 적이 있다.

한국인들은 다른 나라 사람들보다 유난히 대식가인 것 같지는 않지만, 프랑스사람들에 비하면 밤늦게까지 헤어지지 않고 서로 붙어 있으려고 하는 경향이 있다. 그게 아니라면 서로 술잔을 부딪치며 "다 같이 죽자!"라고 외치는 걸 어찌 이해할 수 있단 말인가? 술에 취해 벗과 함께 마지막 순간을 맞이하는 것, 생각만 해도 근사한 일이 아닐 수 없다.

다시 한번 짠!

친구들끼리 식사할 때는 툭하면 건배를 하는데, 특히 소주를 마실 경우 찰랑찰랑하게 따라서 잔을 세게 부딪친다. 이때 잔이 몇 개 안 되어야 짠, 소리를 내며 신나게 부딪칠 수 있다. 앙증맞은 사이즈의 소주잔이 제격이고, 맥주잔은 그보다 어렵다. 받침이 달린 잔의 경우는 훨씬 더 조심스러운데, 이런 잔은 살짝 대는 시늉만 한다.

  소주잔을 부딪치는 강도에 따라 우정과 친목의 정도가 가늠된다. 테이블에서 벌어지는 광경만 봐도 이를 잘 알 수 있다. 잔과 잔이 부딪치면서 술 방울이 튀고 상대의 잔에도 들어간다. 이렇게 시나브로 술이 섞이면서 너와 나의 경계가 사라지고, 제 잔을 홀짝이며 친구들의 잔에서 옮겨온 몇 방울도 함께 들이킨다.

이 같은 행위에는 분명 공동체 정신의 한 형태가 반영되어 있는 듯하다. 이러한 정신은 개인적 바람과도 무관하지만은 않겠지만 그보다는 문화적인 요인에서 비롯되는 면이 크다. 전해오는 이야기에 따르면 옛날에는 이런 식으로 원수를 독살했다고 하는데, 자기 잔에 독을 바르고 계속 건배를 제안하면서 상대방의 잔에 살짝살짝 묻힌 것이다. 그렇게 거듭하다 보면 결국 치사량에 가까워진다. 따라서 상대가 잔을 부딪치지 않으려고 하면 충분히 의심할 만한 상황으로, 그만큼 당신을 믿지 못한다는 뜻이기 때문이다. 이 방법이 과연 제대로 통했을지는 의문이지만, 어쨌든 전해오는 말로는 그렇다고 한다.

프랑스의 경우는 주요 주종인 포도주가 비교적 고가인

데다 죽이고 싶을 정도로 미운 앙숙이 날이면 날마다 있는 건 아니라서 건배는 딱 한 번만 하고, 소중한 술이 조금이라도 쏟아지면 안 되는 만큼 심하게 부딪치지 않는다. 그리고 사교 모임에서 술을 마실 때 술잔은 깨지기 쉬운 크리스털로 된 경우가 대부분이라 살살 부딪치는 편이다. 음산한 분위기가 감도는 만찬에서 동석자 모두를 한꺼번에 독살시키고 싶은 마음이 들어도 해도 꾹 참는 수밖에 없다.

술잔을 부딪치는 제스처에는 사내다움도 표현된다. 테이블 위에서 다 같이 술잔을 부딪치려면 힘도 있어야 하고 요령도 필요하며, 더 나아가 과격함도 요구된다. 하지만 이 같은 술잔 사이의 힘찬 만남에는 이런 것들 말고도 다른 요소도 있어야 하는데, 바로 '의리'라는 끈끈한 감정이다. 일시적일지언정 그 순간만은 확실한 감정이 필요하다는 말이다. 이때 잔을 세게 부딪치면 무리를 결속시키는 건배사를 하거나, 해병대 출신이나 동창회, 향우회에 어울릴 법한 구호 같은 걸 외치지 않아도 된다. "의리에 살고 의리에 죽고"라는 말이 절로 떠오를 만한 장면이다.

이렇게 술잔을 짠, 하고 부딪는 남자들의 우정에서 가장 놀라운 것은 건배를 하고 난 뒤의 시선이다. 내면으로 침잠한 눈빛 속에 문득 허무감 같은 것이 깃든다. 가슴속 깊이 맺힌 듯한 한국인 특유의 '한恨', 그러니까 그리움과 회한, 울분과 서러움이 뒤섞인 감정이 잠시 떠오르는 것이다.

솔직히 말해 나는 시끌벅적한 소음이 가라앉고, 타인들로 채워졌다가 자기 자신으로 되돌아오는 이 내면의 연약한 순간이 좋다.

등골을 오싹하게 만드는 생선 요리

복어라는 물고기가 있다. 특수한 자격을 갖춘 요리사만 조리할 수 있는 어종이다. 실제로 이 생선의 내장은 맹독이 있어 조리를 잘못하면 먹는 사람의 사망을 초래할 수 있다. 분명 입안에서 살살 녹지만 한입 베어 물 때마다 여차하면 황천길이라는 생각에 아찔해진다. 대개 복어 전문 음식점은 요리사의 사진과 면허증을 대문짝만하게 걸어놓으며, 바닷가에 있는 식당이라면 더더욱 그렇다.

복어를 넣어 끓인 '복국'은 숙취 해소에도 특효약으로 통한다. 한국인들은 복어라면 껌뻑 죽는데, 이 생선이 지니는 치료 효과만큼이나 그것을 전문으로 조리하는 요리사를 철석같이 믿는 것 같다. 하지만 나는 이 생선을 먹을 때마다 더럭 겁이 난다. 혹시라도 요리사가 한눈을 팔았으면 어쩌나 싶고, 간밤에 잠은 제대로 잤는지, 부부싸움을 하지는 않았는지 자꾸만 신경이 쓰인다. 그게 아니면 옛날 역사 드라마에 나오는 것처럼 음식에 몰래 독을 타 놓고 사람들이 갑자기 쓰러지는 광경을 보고 싶어 하는 고약한 취미의 소유자일 수도 있다. 그런 생각에 나도 모르게 등골이 오싹해지는 것이다.

매운 음식도 괜찮아요?

한국인들은 서양에서 온 친구들과 저녁 식사를 할 때, 식당에 데려가든 자기 집으로 부르든 신경을 많이 쓰는 것 같다. 프랑스와는 달리 집이 썩 넓지 않고 외식 비용도 비싸지 않아서인지 주로 식당으로 초대하는데, 한턱을 내겠다며 일고여덟 명의 밥값도 선뜻 계산한다. 프랑스 월급쟁이라면 거의 꿈도 못 꿀 일이다.

그렇게 식사 초대를 할 때 맨 먼저 하는 질문은 매운 음식도 먹을 수 있느냐는 것이다. 실제로 한국 음식은 맵기로 유명해서 서양인 상당수가 불고기나 삼겹살 같은 '안전한'

메뉴를 택한다. 그런데 여기서 한 가지 밝혀두자면 한국 젊은 이들은 요샛말로 '맵부심'이 강한 경우도 있지만, 윗세대에 비해 매운 음식을 잘 못 먹는 편이다.

나 역시 한국 친구들의 초대를 숱하게 받은 덕에 매운 음식도 두루 먹어보았다. 한데 그중에서 가장 기억에 남는 건 남도 사람이 직접 끓여준 부대찌개다. 처음에는 끄떡없을 줄 알았는데 몇 술 뜨기가 무섭게 비 오듯 땀이 쏟아지면서 눈앞이 새하얘지고 사지가 후들거렸으니 말이다.

햄과 소시지, 라면 사리와 각종 채소를 넣고 끓인 이 요리는 6·25 전쟁 때 미군 부대에서 버린 재료로 음식을 만든 데서 유래했다고 한다. 당시 한국은 끼니도 못 잇는 사람이 수두룩해서 이 고깃덩이를 주워다가 된장이나 고추장, 고춧가루, 다진 마늘 같은 양념을 잔뜩 넣고 푹 끓였는데, 진한 양념이 살균제 역할을 한 셈이다. 이후에는 부대 내에서 유통되던 통조림 같은 가공육을 넣었고, 지금은 돼지고기를 넣기도 한다. 간이 센 음식을 즐겨 먹는 남쪽 지방에서는 여전히 양념을 듬뿍 넣는다.

　대학로에서 부대찌개를 먹었을 때도 떠오른다. 중국 쓰촨 지방의 훠궈火鍋 못지 않은 얼얼한 이 찌개를 먹고서 온몸의 세포가 부르르 떨렸다. 응급조치로 허겁지겁 밥 한 공기를 삼키지 않았다면 그 자리에서 기절해버렸을 것이다. 딴 사람들 앞에서는 애써 태연한 척했지만 말이다.

　따라서 한국인들이 서양사람을 식사 대접할 때 고심하는 이유는 매운 음식으로 고생 시키고 싶지 않아서이기도 하고, 미지의 맛을 발견하게 해주고 싶어서이기도 하다. 이때 이들은 당신의 능력치를 가늠하기 위해 어떤 음식을 먹어봤는지를 꼭 묻는다(당신이 초짜인지 한국을 제집처럼 드나드는 사람인지는 중요하지 않다). 그리고 당신이 이제껏 먹어본 요리 이름을 하나씩 댈 때마다 그게 슴슴한 불고기든 매콤한 조림이든 간에 연신 고개를 끄덕이며 "흠, 흠" 하고 만족과 감탄이 섞인 추임새로 장단을 맞춰줄 것이다.

식당 가는 덴 한 시간,
먹는 덴 십 분

다들 알다시피 서울에서는 삼계탕 한 그릇 때문에 한 시간이나 버스를 타고 가서 지하철로 십오 분을 더 가고, 도착해서도 십 분 동안 줄을 서지만, 정작 먹는 데는 이십 분도 채 걸리지 않는다. 이런 종류의 일화는 차고 넘친다. 나만 해도 버스에서 내려 또 택시를 타고, 십 분을 더 걸어가 줄까지 서고 이십 분이나 기다려 오직 그곳에서만 맛볼 수 있다는 족발을 먹으러 간 적이 있으니 말이다.

안동 근처로 문학 기행을 갔을 때도 마찬가지였다. 한국에서 둘째가라면 서럽다는 커피를 마시러 150킬로를 돌아

어느 근사한 로스터리까지 찾아갔다. 열두 사람이 차 세 대로 두 시간 넘게 달려가 그 전설적인 커피를 마셔보기로 한 것이다. 친구들 말마따나 주인장이 손수 볶았다는 커피는 나무랄 데 없었다. 본래 이탈리아계로, 커피와 관련해서는 비교적 칭찬에 인색한 내 입맛에도 썩 괜찮았던 것이다. 거기에 비하면 십 분이면 꿀꺽 다 먹어버릴 갈비찜을 먹으러 차를 타고 사십 분이나 움직이고, 둘이 먹다 하나가 죽어도 모를 비빔냉면을 맛보러 삼십 분을 전철로 이동하고, 서울에서 제일 맛나다는 짜장면이나 짬뽕을 찾아 지하철을 또 사십 분이나 타고 가는 일은 새 발의 피다.

한국사람들은 저마다 미식에 대한 기준이 다르지만, 이름난 별미를 맛보기 위해서는 시간을 내서라도 일부러 찾아가야 한다고 하나같이 생각한다. 프랑스에서는 좀처럼 보기 힘든 일이다. 한국은 주차 공간을 비롯한 교통 인프라가 잘 돼 있고 장거리 이동도 꺼리지 않는다는 점에서 이 모든 게 가능하지 않나 싶다. 남프랑스는 이와는 딴판으로, 웬만하면 멀리 가려고 하지 않는다. 마르세유의 경우, 도심의 식당가에 가려면 차로 움직여야 할 때도 있지만, 엑상프로방스 같은 예쁜 소도시는 소문난 맛집도 엎어지면 코 닿을 곳에 있기 때문이다.

아니,

두루마리 휴지가 왜 여기 있어?

서양에서 온 관광객이 보면 당혹스럽다 못해 입맛이 뚝 떨어질 만한 게 있는데, 바로 대중음식점이나 가정집 식탁에 떡하니 올려놓은 두루마리 휴지다. 물론 사용한 휴지는 아니고 티슈나 냅킨 대용으로 놓은 새 휴지다. 하지만 그리 놀랄 것도 없는 게 어쨌든 똑같은 휴지이고, 그저 본래 용도가 떠올라 난감할 뿐이다.

　한국사람들은 테이블 위에 올려놓은 작은 함에 들어 있는 냅킨을 마구잡이로 뽑아 쓰는데(요즘은 테이블 옆면에 달린 수저함에 넣어둔 경우도 제법 많다), 그래서 가령 술이라도 쏟으면 손쉽게 풀어 쓱싹쓱싹 닦을 수 있는 화장실용 두루마리 휴지만큼 편리한 게 없는 것이다. 특히 친구끼리 소주잔을 기울일 때 매우 요긴하다. 쉴 새 없이 잔을 부딪치며 서로 부어라 마셔라 하다 보면 테이블은 이내 한강이 되기 때문이다.

하지만 두루마리 휴지를 한두 칸 뚝 끊어서 입 주위를 쓱쓱 닦는 모습을 보면 시선을 어디다 두어야 할지 모를 만큼 곤혹스러워진다. 두루마리 휴지는 손에 둘둘 감아 대충 닦기도 쉽고 값도 싸며 정리도 간편하지만, 무엇보다도 한국사람들한테는 아낌없이 쓸 수 있다는 게 장점이다. 두 눈을 질끈 감고 입과 궁둥이를 갈라놓는 문화 차이만 극복하면 만사 해결이다.

아무 때나
식사가 가능한 나라

한국의 물가가 하늘 높은 줄 모르고 치솟아 이제는 서구와 비슷한 수준에 이르렀지만, 외식은 여전히 싼 편이다. 괜찮은 식당에서 제대로 식사를 하면 14유로, 그러니까 2만 원이 좀 넘지만, 5유로에서 10유로 사이로도 대식가가 아닌 보통 사람이 부담 없이 한 끼를 해결할 수 있는 무난한 밥집도 많다. 고기나 생선을 주요리로 하는 한식 밥상은 각종 생채소와 나물, 달걀, 두부, 해조류 등으로 이루어진 다양한 반찬 덕분에 늘 구색을 갖추고 있다. 가정에서든 식당에서든 반찬은 한국인의 밥상을 영양학적으로 균형 잡힌 식탁으로 만들어준다.

비교적 저렴한 외식비 덕분에 이 나라 사람들은 식당에서 끼니를 해결하는 경우가 잦은데, 이 같은 이유로 요식업은 한국에서 가장 보편적인 자영업 분야로 꼽힌다. 점심과 저녁을 일찍 먹는 한국에서 오전 11시 30분과 저녁 6시는 음식점의 '피크 타임'으로, 한 집 건너 식당이라 동네 주민이든 타지인이든 이 나라에 놀러 온 외국인이든 배곯을 일은 없다.

프랑스와는 달리 한국의 대중음식점에서는 서비스 시간이 언제부터 언제까지이고 그 시간대에 손님을 몇 명이나 받을 수 있는지 정해놓지 않은 경우가 많다(요즘은 '브레이크 타임'을 두는 곳도 제법 보인다). 그래서 아무 때나 식사가 가능한 편이다. 한국인 상당수가 쌀밥에 국이나 찌개, 달걀, 두부, 나물 반찬 등으로 이루어진 한식으로 아침을 먹기 때문에 이른 시간부터 손님을 받는 식당이 적잖다.

한국 식당에서는 종업원을 부를 때
벨을 누른다

한국의 대중음식점에는 테이블 모서리에 버튼이 붙어 있어 주문하기 전이나 식사 중에도 종업원을 부를 수 있다. 벨을 누르고 나면 곧 '네~' 하는 대답이 들리는데, 손님의 호출이 접수됐다는 의미다. 인정할 것은 인정하자. 이보다 더 편할 수가 없다. 서빙하는 사람을 부르려고 고개를 기웃기웃하고, 스파이라도 된 듯 직원의 일거수일투족을 염탐하며, 물이나 술, 반찬을 더 갖다 줄 수 있나 보려고 엉덩이를 들썩거릴 필요가 없다는 말이다. 벨을 누르면 반드시 사람이 온다.

그런데 누가 봐도 편리한 이 수단은 프랑스에서는 상상

조차 할 수 없는 것으로, 옛날 프랑스에서 벨은 제집에서 일하는 하인을 부를 때나 쓰던 물건이기 때문이다. 저택에서 귀족이 주로 머무르는 방에 기다란 끈을 달아 하인 방이나 부엌까지 늘어뜨린 다음 그 끝에 종을 매달았는데, 이 줄을 잡아당겨 벨을 울렸다.

따라서 한국에 온 프랑스사람은 이 같은 벨을 보고 대체로 당혹감을 감추지 못한다. 어떤 이들은 종업원이 씩씩거리고 달려올 것 같아 차마 버튼을 누르지 못한다. 반면에 신나게 벨을 눌러대는 사람도 있다. 또 호출 벨이 있든 말든 아랑곳하지 않고 계속 두리번거리며 누군가를 찾는 이들도 있다.

더구나 프랑스에는 이와 관련하여 거의 모욕에 가까운 경멸을 담은 표현이 있는데, 바로 "댁한테 벨 누른 거 아닌데"라는 말이다. 이 말은 상대방에게 용무가 없다는 뜻, 다시 말해 의견이 궁금하지 않거나 남의 일에 끼어들지 말라는 뜻이다. 물론 문자 메시지가 올 때도 벨 소리로 알림 설정을 해놓고, 관공서나 은행에서 기다릴 때도 '딩동' 소리를 듣고 자기 차례가 된지를 안다. 그뿐만 아니다. 잘못을 저질렀을 때 따끔하게 주의를 주거나 충고한다는 의미의 '경종警鐘을 울린다'라는 말도 있고, 어떤 일이 마지막을 고할 때 더는 희망이 없다는 뜻으로 '조종弔鐘 소리가 울린다'라는 표현도 쓴다.

하지만 옛날에 제집에서 일하는 사람한테 하던 것처럼 식당 종업원에게 종을 울려서는 안 된다. 인내심을 갖고 물병을 갖다줄 때까지 기다려야 하는 것이다. 내 조부모님 세대만 하더라도 식당에서 집게손가락을 탁 튕겨 종업원을 부르기도 했지만, 오늘날 이런 짓을 하면 몰상식한 인간 취급을 받는다. 한국에서 무엇인가 필요할 때 이따금 소리 높여 외치는 '저기요'나 '여기요' 같은 말도 프랑스에서는 상상하기 어렵다. 프랑스 식당에서는 살짝 손을 들어 표시를 한 뒤 잠자코 기다리는 편이 낫다(검지를 세우면 거들먹거리는 '진상 손님', 우스갯소리로 '손놈'이 돼버린다). 그러지 않으면 서빙하는 사람은 당신을 못 본 체하고 하염없이 기다리게 할 수도 있다.

벨은 언제나 누르는 이의 높은 신분을 보여주는 동시에 호출을 받는 사람의 종속적 위치를 나타내는 장치였다. 조선 시대에 이르러 더욱 뚜렷해진 반상班常의 구별에 편리함을 중시하는 한국인들의 성향이 맞물려 이 같은 장치까지 나왔지만, 이런 관습을 문제 삼는 사람은 아무도 없는 듯하다.

벌써 저녁을 먹는다고?

한국사람들은 전통적으로 가볍게 식사를 하는데, 보통 밥과 국이나 찌개가 기본이고 생선 또는 육류(흔히 닭고기나 돼지고기로, 소고기는 조금 더 고급으로 친다)를 주요리로 하여 나물을 비롯한 각종 반찬을 곁들인다. 그래서 이 나라를 찾은 외국인 관광객은 밥을 먹고 나서도 여전히 출출할 때가 많다. 열량이 높지 않은 음식이 주를 이루는 까닭에 식사 시간이 앞당겨질 수밖에 없다. 저녁 여섯 시, 심지어 다섯 시 반에도 저녁을 먹는데, 나로서는 여간 놀랍지 않은 게 프랑스에서 식전주를 마시는 시간보다도 이르기 때문이다. 이 말인즉 식사는 여덟 시나 아홉 시에 한다는 뜻이다. 프랑스에 간 한국인들은 일곱 시 반까지 기다려야 저녁을 먹을 수 있는 게 말이 되냐고 툴툴대기 일쑤다. 가정집에 초대를 받아도 여덟 시, 아홉 시가 되어야 겨우 식탁 앞에 앉는다.

반대로 한국에 온 프랑스사람은 며칠만 지나도 여섯 시면 저녁을 먹는 데 적응이 되지만, 밤 열 시나 열한 시쯤이면 이미 배가 다 꺼져 야식 생각이 간절하다.

언제나 먹을 것을 입에 달고 사는 한국인

일반적인 한국인의 식탁에서는 고기와 생선이 빠지지 않지만, 그래도 채소가 큰 부분을 차지한다. 기름기가 적고 소스도 흥건하지 않다. 다들 알다시피 이 '건강식'은 금방 소화된다. 그래서인지 한국인들은 늘 주전부리를 입에 달고 사는 것 같다. 함께 저녁 식사를 하고 나서도 2차를 가거나 집에 와서 라면으로 '입가심'을 한다. 같은 맥락에서 음료뿐 아니라 간단한 요깃거리를 함께 파는 카페는 늘 북적거리고, 거리에서도 대부분 테이크아웃 커피잔을 들고 다니고, 그렇지 않으면 하다못해 에너지 드링크라도 챙겨 다니는 모습을 종종 볼 수 있다.

한국사람들은 왜 볼이 터지도록 먹을까

한국사람들이 음식을 먹는 모습을 보면 두 볼이 불룩할 때가

많다(널리 알려진 '한국통' 마틴 프로스트 교수의 표현에 따르면 "입

안을 꽉 채워 먹는다"[6]). 밥 몇 숟가락이나 고기 여러 점을 삼키

지도 않은 채 계속 입안에 욱여넣는 것이다. 일상에서야 이런

모습을 봐도 새삼스럽지 않지만, 드라마에서까지 고스란히

보여줄 때는 적잖이 놀랍다. 이 같은 조급함의 이유는 무엇일

까? 굶기를 밥 먹듯 하던 보릿고개 시절의 기억 때문일까?

아니면 할일이 산더미같아 느긋하게 먹을 여유조차 없는 걸

까? 아무리 생각해봐도 나로서는 알 길이 없다.

잔칫집 같은 한국의 식당

혼자서든 둘이서든, 아니면 여럿이서든 한국사람은 식당에서 밥을 먹는 경우가 많은데, 이는 프랑스처럼 특별한 날 외식을 한다는 개념이라기보다는 단지 간단하고 편하다는 이유에서다. 서울 시내 식당가에서는 점심이나 저녁에 회사원 무리나 가족 단위로 온 손님들이 긴 테이블을 차지하고 식사하는 광경을 자주 볼 수 있다. 요즘 세대는 가사 노동에 익숙지 않은 데다 특히 젊은 여성들은 맞벌이를 하면서 집안일까지 도맡아 하느라 요리까지 할 엄두를 못 내는 것 같다. 게다가 한국 음식은 손이 또 얼마나 많이 가는가! 따라서 이들은 가족끼리든 친구끼리든 밖에서 먹는 편을 선호하는 것이다. 테이블 몇 개를 이어 붙이거나 별도의 홀에 자리를 잡으면 흥겨운 잔치가 따로 없다. 빈 술병이 늘어날수록 여기저기서 웃음이 터져 나온다.

흔히 볼 수 있는 대중음식점에서는 신발을 벗고 방에 들어가 식사를 하기도 하는데, 손님이 없을 때 보면 바닥에 좌식 테이블과 방석만 쫙 깔려 있어 마치 의자와 테이블을 위에서 납작하게 눌러 놓은 듯한 모습이다. 고기를 구울 때 연기가 빠지도록 천장에 달아놓은 연통만 없다면 말이다.

이처럼 한국의 대중음식점은 프랑스와는 달리 '룸펜 프롤레타리아', 즉 극빈층이 드나드는 허름한 식당과는 거리가 멀다. 편안한 분위기에서 고급 요리는 아니더라도 소박한 한식 밥상을 맛볼 수 있는 무난한 음식점으로, 식구끼리나 친구, 동료 여럿이 즐겨 찾는 장소인 것이다.

테이블을 여러 개 갖다 붙이거나 기다란 식탁이 있으면

식당은 금세 놀이방으로 변한다. 옆자리에서 기저귀를 찬 아기가 아장아장 걸어와 침 범벅이 된 냅킨을 입에 문 채 당신을 말똥말똥 바라본다. 꼬맹이들은 테이블 사이를 요리조리 뛰어다니고 우당탕거리기도 하지만 부모를 비롯해 어느 누구도 신경 쓰지 않는다. 애들이 놀면서 좀 떠들 수도 있지, 라고 생각하며 그냥 넘어가려다가도 이내 머리끝까지 짜증이 치밀어오르는 당신만 빼고 말이다. 하지만 어쩌겠는가. 온 식구가 모인 이 자리야말로 큰돈 들이지 않고 밥도 먹고 즐겁게 놀 수 있는 가족 잔치라는 걸 뻔히 아는 마당에 그 화목한 분위기를 깨뜨릴 수가 없는 것이다.

뭐가 그렇게 바빠서
코트도 안 벗고 식사를 할까?

몇몇 화기애애한 자리를 제외하고 한국에서 식사는 대체로 속전속결이다. 딴짓을 하지 말고 말없이 밥만 먹어야 한다. 따라서 식당에서 두 사람이 재킷도 벗지 않고 묵묵히 밥만 먹는 모습을 볼 때가 많다. 침묵의 이유는 다양하다. 바빠 죽겠는데 옷을 벗고 자시고 할 겨를이 어디 있단 말인가! 한국인들의 실용주의는 이 대목에서도 여실히 드러난다. 겨울에도 두툼한 코트나 파카를 걸친 채 점심을 먹는다(파리의 한식당에서도 한국 유명 브랜드의 패딩으로 중무장하고 식사를 하는 한 무리의 여행객을 본 적이 있다).

이처럼 짧은 시간 동안 침묵 속에서 이루어지는 식사의 전통은 조선시대로 거슬러 올라가는데, 이때는 다들 잘 알다시피 '숭유억불崇儒抑佛', 즉 불교를 억압하고 유교를 숭상한 정책이 이루어진 시기다. 한데 특이하게도 현대 한국인의 식사 방식은 정작 불교의 '알아차림'과 겹치는 면이 많다. 먹는 행위 자체에 집중하는 가운데 입을 다물고 꼭꼭 씹으면서 한마디도 하지 않고 식사를 한다는 점에서 그렇다.

물론 이외에도 말없이 점심을 먹는 이유는 여러 가지가 있는데, 무엇보다도 한시바삐 업무에 복귀해야 하기 때문이다. 따라서 '알아차림'의 핵심을 이루는 '지켜보기觀'는 저녁때로 미뤄두는 편이 낫다. 어쨌든 거추장스럽더라도 재킷을 걸치고, 아니 더 나아가 두툼한 외투나 패딩마저 벗지 않고 밥을 먹는다는 것은 잠시 옷을 벗어놓았다가 도로 입는 시간조차 아까워하는 이 나라 사람들의 효율 지상주의를 단적으로 보여준다.

한국인 한 명이
1년에 버리는 음식량은?

오늘날 세계는 온갖 형태의 낭비로 인해 신음하고 있다. 특히 음식 낭비는 심각할 지경이다. 그 한 예로 식당 앞에 산더미처럼 쌓인 음식물 쓰레기 봉투를 들 수 있다. 대개 국물이 뚝뚝 떨어지는 이 봉투를 볼 때마다 기분이 영 찜찜하다. 이 같은 현상은 낭비가 불가피한 한국의 음식 문화에 기인한 것으로 생각되는데, 손님들이 남긴 반찬을 '재활용'했다가는 큰일나기 때문이다.

한국 관련 뉴스를 다루는 온라인 매체인 〈코리아 엑스포제Korea Exposé〉의 2018년도 통계 수치에 따르면, 한국인

한 명이 1년에 버리는 음식이 130킬로그램 이상이라고 한다. 분리수거와 재활용이 생활화된 이 나라에서 참으로 충격적인 수치라고 할 수 있다. 하지만 다행히도 공공기관에서 이같은 문제를 인식함에 따라 4년 전부터는 총 배출량이 10프로가량 감소한 것으로 보인다. 8. 90년대 이후로 경제적인 여유가 생기고 소비가 장려되면서 아끼고 절제하는 습관 대신에 대량 소비가 보편화된 것이 원인으로 여겨진다.

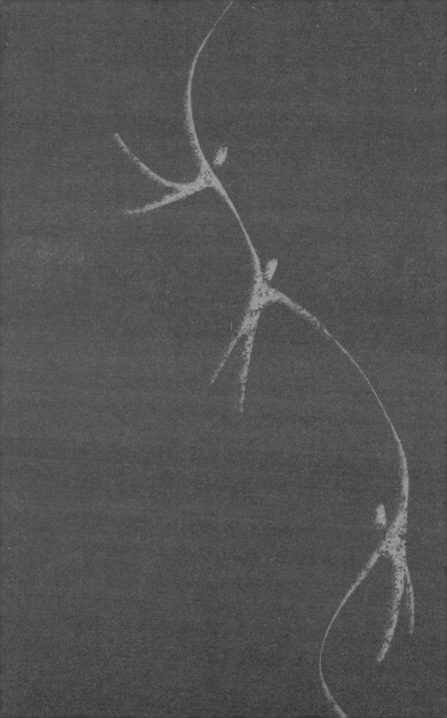

3부

과거와 현재를 잇는
한국인다움

말하지 않아도 통하는 사이

아무 말 없이도 어색하지 않은 게 친구 사이라고들 한다. 그래서 인지, 아니면 유교 문화 탓인지 한국인들은 느낌이나 감정을 대 놓고 드러내는 일이 드물고, 논쟁을 피하는 편이다. 민감한 주 제는 친구 간에도 말을 아낀다. 내가 보기에 적잖은 한국인이 상 대가 감당하지 못할 말을 쏟아내지 않으려고 자제하는 것 같다.

따라서 생각을 표현하고 의견을 주고받고 속내를 털어 놓기 좋아하는 사람이라면 내심 서운할 수도 있다. 따라서 이 따금 적막이 흐르는 이 같은 '자체 검열'에 적응하는 편이 나 은데, 말하지 않아도 마음을 다 알기 때문이다.

왜 새끼손가락을
바닥에 대고 글씨를 쓸까

한국인들은 종이에 글자를 쓸 때 새끼손가락을 바닥에 괴고 쓴다. 한국 친구한테 이 사실을 말하면 하나같이 "그래? 몰랐는데"라고 대답한다. 왜 그런지는 말해주지 않는다.

군이 이유를 찾자면 한글의 네모난 형태로 인해 손목의 균형을 잡아야 해서 그런 것 같다. 새끼손가락으로 받쳐주면 아무래도 안정감이 생기기 때문이다.

주삿바늘보다 더 따끔한 볼기 한 방

감기 몸살로 끙끙대다 병원에 간다. 의사는 보는 둥 마는 둥 하고 진료실 옆방으로 간다. 그곳에는 간호사가 기다리고 있다. 얼굴도 보지 않고 대뜸 바지를 내리라고 한다. 그러고는 엉덩이를 찰싹찰싹 두드리며 주사를 놓는다. 이 손길이 주삿 바늘보다 더 따끔하다. 도무지 적응이 안 되는 순간이다. 프 랑스에서는 볼기짝을 탁탁 치는 일도 없거니와 훨씬 더 아플 때만 주사를 맞기 때문이다. 그리고 주사를 맞으면 한 방만 맞지 않는다. 한국에서라면 같은 수만큼의 볼기가 기다리고 있겠지만, 다행히 프랑스에서는 그것만큼은 면할 수 있다.

한국여자들은
왜 입을 가리고 웃을까

어느 정도 나이가 든 한국 여자들은 웃을 때 손으로 입을 가리곤 하는데, 남자들한테서는 볼 수 없는 모습이다. 이 같은 몸짓은 분명 우아하긴 해도 왠지 무언가 감추려고 하는 느낌을 준다. 입을 크게 벌리고 웃으면 목 안이 보일 수밖에 없어 손으로 가려 몸속을 보여주지 않으려는 것 같기도 하다. 어머니 세대는 아주 어릴 적부터 손을 가림막 삼아 웃음을 감추라고 배웠지만, 요즘 젊은 여자들은 거의 그러지 않는다.

한국 젊은이들은
왜 신발을 질질 끌고 다닐까

어느 대학이든 복도를 지나가면 느릿느릿, 아니면 잽싸게 신발을 끌고 가는 소리가 들린다. 젊은이들, 그중에서도 특히 여학생들이 곧잘 그런데, 하이힐을 제외하고 어떤 종류의 신발이든 마찬가지다. 조금 전에도 비슷한 모습을 보았다. 지방에 강연이 있어 KTX를 타고 가는데, 사십 대로 보이는 두 여자가 통로를 지나면서 또 운동화를 질질 끌고 가는 게 아닌가!

한데 이 사람들만 그런 게 아니다. 더 나이 든 사람들도 길에서 똑같이 하고, 동네 슈퍼에 가는 할머니도 슬리퍼를 찍찍 대며 간다. 그런데 남들이 다 보는 데서도 이렇게 신발을 끌고 다니는 이유는 무엇일까? 그렇게 기운이 없는 걸까?

아니면 발을 질질 끌고서라도 앞으로 나아가고 싶다는 의지

를 보여주려는 걸까? 그런 의미에서 조신함을 강요하는 유

교 전통에서 벗어나 이제는 자유롭게 행동하고 싶다는 마음

의 반영일 수도 있겠다는 생각이 든다. 그게 맞을 것 같다. 어

쨌든 여기에는 한 가지 분명한 장점이 있는데, 한국 여성이

뒤에 오면 신발 소리 때문에라도 모를 수가 없다는 사실이다.

그리 간단하지만은 않은 인사법

옛날 한국사람들은 몸을 숙여 인사를 했고, 서로의 신분에 따라 인사법이 달라졌다. 고관대작은 자신보다 신분이 낮은 사람들 앞에서 고개만 까딱하는 정도였지만, 아랫사람은 허리를 굽혀 존경을 표시해야 했다. 몸을 구부리는 정도는 존중의 정도를 나타내고, 이런 몸짓은 위계의 표상이었다. 신분제가 존재했던 옛날 한국에서는 피라미드의 꼭대기에 귀족 계층인 '양반'이 있었고, 맨 아래는 '천민'이 존재했다. 그 사이에 '중인'과 '상민'이 있었다.[7] 사회적 지위가 낮을수록 몸을 깊이 숙여야 했다. 노비의 경우 무릎을 구부리기까지 했다.

오늘날에도 인사하는 방식을 보면 어떤 사람의 지위나 나이를 짐작할 수 있다. 인사를 받는 방식을 보아도 마찬가지다. 정치인이나 고위공무원, 대기업 회장, 저명한 교수들은 사회적 위치 덕분에 존경이 담긴 깍듯한 인사를 받는다. 하지만 모든 게 그리 간단하지만은 않다. 가령 당신보다 사회적 위치가 낮은 노인에게는 어떻게 인사를 해야 할까? 연령을 고려해야 할까, 아니면 지위를 고려해야 할까? 딱히 정해진 규칙은 없고 각자 알아서 해야 할 일 같다. 내 경우 연장자 앞에서는 현역 시절의 지위와 상관없이 정중히 몸을 숙인다.

그러나 세월이 흐르면서 이 같은 예의와 존중의 표시도 변화를 겪었다. 이제는 거의 악수를 한다. 가족을 비롯해 절친한 사이에는 볼에 입을 맞추기도 하지만, 한국에서는 아직 매우 드문 편이다. 나 역시도 처가 식구들을 만나면 몇 달 만에 보더라도 그냥 머리만 숙인다. 이러한 맥락에서 서구식 라이프 스타일의 영향인지 아니면 요즘 젊은이들의 현대적인 추세 탓인지 인사가 상당히 간소해진 것을 확인할 수 있는데, 고개만 꾸벅이거나 손을 살짝 잡고 어깨나 등을 툭툭 치는 정도로 그칠 때가 대부분이다.

가끔 재미있는 광경을 목격하기도 하는데, 바로 젊은 부모들이 아이에게 인사를 가르칠 때다. 엄마, 아빠가 아이의 머리를 지그시 누르면 그 순간 꼬맹이는 엉겁결에 꾸뻑 고개를 숙이면서도 어리둥절한 표정을 짓는다. 아이의 귀여운 모습을 보면 절로 웃음이 나온다. 또 한 번은 이런 일도 있었다. 식당에서 저녁을 먹는데 돌도 안 된 갓난쟁이가 유아용 의자에 의젓하게 앉아 나를 쳐다보면서 장난스럽게 고개를 까딱까딱하는 것이었다. 처음에 나는 그 또래 젖먹이들이 흔히 그러듯 몸을 기우뚱거리며 균형을 잡는 줄 알았다. 하지만 아기는 저만의 독특한 방식으로 낯선 사람에게 인사를 건네고 있었다. 과연 '동방예의지국'이라는 말이 무색하지 않게 걸음마도 하기 전에 인사부터 배운 모습이었다.

식전주 마시는 시간

나로서는 늘 의아하다 못해 당혹스럽기까지 한 사실이 있는
데, 바로 프랑스에서 '아페리티프apéritif', 즉 '식전주'라고
부르는 관습이 한국에는 거의 없다는 것이다. '아페리티프'
는 '열다'라는 뜻의 라틴어 단어 '아페리레aperire'에서 유래
한 말이다. 13세기에는 배출을 돕는 식물로 만든 음료를 가리
키는 용어였지만, 18세기에 와서 다른 의미를 띠게 되었는
데, 바로 '식욕을 열다', 다시 말해 '입맛을 돋운다'라는 뜻
을 갖게 된 것이다. 그렇게 해서 모든 형태의 식욕을 자극하
는 것에 대해 이 용어를 사용하기에 이르렀다.

"남자들은 비극을 필요로 한다. 그것이야말로 그들의 작은 초월이자 아페리티프인 걸 어쩌란 말인가?"[8]라고 까뮈도 말했다. 따라서 식전에는 입맛이 돌아야 하고, 이때 식전주는 일종의 전주곡인 셈이다. 프랑스, 그중에서도 식전주가 종교와도 다를 바 없는 남프랑스에 오면 한국인들은 식사 전에 뭔가를 먹는다는 사실(식전주에는 약간의 안주도 곁들인다)이 내심 의아한 눈치다. 하지만 처음에나 조금 쭈뼛거릴 뿐이지 이내 신이 나서 술자리를 즐긴다.

'아페리티프'의 줄임말인 '아페로apéro'는 처음 만난 사이인 경우 서로 안면을 트는 시간으로, 초대를 받았을 때 모임의 주제로 곧장 들어가기 전 분위기를 파악하는 기회가 된다. 낯설고 서먹서먹한 순간이 지나면 한국인들은 금세 긴장이 풀린다. 엑상프로방스에 초청한 한국 작가들도 다르지 않았다. 서로 초면이라 쑥스러워하다가도 어느새 글 쓰는 일의 고충을 조금씩 내비치며 가슴 속에 품은 희망과 의혹에 대해 허심탄회한 대화를 주고받는 모습을 수차례 보았다. 느긋한 분위기에 술 한 잔까지 들어가면(한 가지 특이 사항을 밝히자면 한국인들은 아니스 향료를 넣은 술인 파스티스를 좋아하지 않는데, 기침약 같은 맛이 나서 그렇다고 한다) 혀가 풀어지고, 그렇게 살짝 어색하면서도 왠지 들뜨고 설레는 식전주 시간이 흘러가는 것이다.

형님 먼저 아우 먼저

여럿이 술을 마실 때는 절대 자작自酌을 하지 말아야 하는데, 술자리 예절에 벗어나는 행동이기 때문이다. 오늘날에는 나이가 많고 적은 것은 중요하지 않고 상대방에게 먼저 따라준다. 자기 잔에 직접 따르지만 않으면 된다. 상대한테 술을 따를 때는 한 손으로 병을 들면 안 된다.

예전에는 왼손으로(어쨌든 오른손잡이가 대다수일 테니) 소맷자락을 잡고 술을 따랐다. 요즘은 각자 알아서 하는 편이나 오른손으로 병을 들고 왼팔은 구부려 손을 가슴에 대고 따를 때가 많다. 상대의 술잔이 가득 찼는지 확인하고 나서 술병을 내려놓는다. 상대 역시 같은 식으로 당신의 잔에 술을 따라준다. 남자든 여자든 동일한 예절이 적용되지만, 최연장자나 지위가 가장 높은 사람에게 먼저 따른다. 젊은 남자나 젊은 여자는 연장자 앞에서 몸을 옆으로 살짝 돌리고 술을 마시는데, 상대방과 마주 보지 않기 위해서다. 한참 어린 사람이 면전에서 똑같이 행동하면 버르장머리 없게 보이기 때문이라고 한다.

한국사람들이 아침에 일어나서
가장 먼저 하는 일

이 나라의 오랜 관습이 있는데, 바로 아침에 일어나서 요와 이불을 반듯하게 개어놓는 것이다. 아무 데도 안 가고 방에만 쭉 있으면서 왜 이렇게 싹 다 정리하는 것일까? 서양식 침대는 낮이나 밤이나 침실 한복판에 떡하니 버티고 있어 둘러 갈 수밖에 없다. 하지만 저녁에 펴고 아침에 개는 한국식 침구는 사물의 무상함을 나타낼 뿐만 아니라 방을 쓰는 사람에게 오늘은 또다시 시작되는 새로운 날이라는 사실을 알려준다.

프랑스에는 '누구나 자신이 정돈한 침대에서 잔다'라는 표현이 있다. 1950년대에 생겨난 이 말은 하룻밤의 숙면

이 그날 아침 침대 시트의 각을 얼마나 제대로 잡아놓았는가에 좌우된다는 뜻이다. 다시 말해 자기 삶은 자기 하기 나름이라는 소리다. 이런 점에서 일어나자마자 이부자리부터 개켜놓는 한국 문화는 정서적으로 바람직한 영향을 끼칠 것 같다. 이불 걷듯 제 삶을 말끔하게 접어놓고 어디론가 훌쩍 떠나고 싶다는 생각을 한 번쯤 하지 않은 사람이 어디 있을까 싶다.

서명보다는 도장이 유효한 나라

한국인이라면 대부분 관할 주민 센터에 등록된 '인감'이라고 하는 개인 도장이 있다. 이 도장은 계약서나 주택 매매 증서 같은 주요 문서에 평생 사용된다. 중국의 영향을 적잖게 받은 왕조 시절부터 비롯된 관습으로, 중요한 문서를 확인하는 수단이었기 때문이다.

오늘날에도 한국사람들은 어떤 서류든 서명 대신 도장을 찍는 편인데, 지금 하는 행위가 얼마나 중요한지를 상징적으로 보여준다고 할 수 있다. 도장은 주로 나무를 재료로 하지만 옥이나 돌로 만들기도 한다. 도장에는 소지자의 이름이 한자로 새겨진 경우가 많고, 인장공이 만들고 새기는 일을 다 한다.

도장은 개별성과 전통의 존중을 동시에 표상할뿐더러 해당 문서에 부여하는 중요성을 보여준다. 도시에서는 '구멍가게'라고 하는 작은 점포에서 도장을 파고 새기는 모습을 볼 수 있는데, 오늘날 같은 디지털 시대에 절로 감탄이 나올 만한 광경이다. 동양화나 서예 작품에도 '낙관落款'이라고 하는 서화가의 인장을 찍는다. 한국처럼 첨단 기술을 자랑하는 나라에서 지금까지도 서명의 최고 가치로 도장을 사용한다는 사실이 내게는 늘 매혹적으로 느껴진다.

달릴 때도 우아하고 절도 있게

유교 문화는 절제를 미덕으로 삼는다. 말도 적게 몸짓도 작게 하고 감정도 적게 표현하기를 권장한다. 말은 하되 너무 큰소리를 내지 말고, 웃기는 하되 입을 지나치게 벌리지 말고, 더 나아가 여성의 경우 손으로 입을 가리고 웃으라는 식이다. 가정과 유치원에서부터 이러한 교육이 이어져 일상의 다양한 영역에서 '의도된 단순함'이 발견된다. 건축이나 요리, 인사, 그리고 태권도 같은 전통 무예에서도 간결함의 흔적이 느껴진다.

하지만 이 같은 절제가 굳이 필요하지 않은 영역이 있

는데, 바로 '걷기'다. 볼 때마다 놀라지만 한국사람은 몸에 팔뚝을 붙이고 뛰는데, 상체를 심하게 흔들지 않기 위해서다. 그래서 빨리 달리지 못한다. 실제로 어깨와 팔을 움직이지 않고서 속력을 내기란 불가능하기 때문이다. 올림픽 백 미터 육상 경기에서 한국 선수가 메달을 따기 어려운 이유가 여기에 있다. 문화가 필요를 압도해버린 것이다. 이 나라 사람에게는 속도가 좀 떨어지더라도 품위 있게 달리는 것이 중요하다. 반면 양궁에서 한국인은 그야말로 '넘사벽'이다.

믿거나 말거나, 한국의 미신

몇 가지 잘 알려진 미신을 들면 다음과 같다.

1. 사람 이름을 빨간색으로 쓰지 않는다. 빨간색은 사망
   자 전용이다.

2. 신발을 선물하지 않는다. 받은 사람이 새 신을 신고
   당신을 떠날 수도 있다.

3. 가위를 선물하지 않는다. 인연을 싹둑 잘라내고 싶어
   서 주는 거라고 생각할 수 있다.

4. 밥그릇에 수저를 꽂아놓지 않는다. 제사 드릴 때만
   그렇게 하기 때문이다.

5. 한국에서는 '4'라는 숫자를 일부러 누락할 때가 많다. '죽음'을 뜻하는 한자어 '사死'와 동음이의어라서 그렇다. 엘리베이터에서 이 숫자는 로마자 'F'로 대체되는데, 영어로 '넷'이라는 뜻의 'four'가 아니라 '층'을 의미하는 'floor'에서 따온 것이라고 한다.

고생은 늘 여자 몫

유교적 관습 따라 준수하는 여러 가지 의례 중에는 오늘날 더 이상 지키지 않는 것도 있고, 세월이 흐르면서 잊힌 것도 있다. 하지만 내가 보기에 매우 뜻깊은 의식이 있는데, 바로 '제사'다. 조선 왕조 때부터 가정에서 제례를 지낼 수 있게 되었고, 그 뒤로 집에서 제사를 드린다. 이를 위해 처음부터 끝까지 모든 절차를 일일이 알려주는 '진설도陳設圖'라는 그림까지 있다니 참으로 놀라울 뿐이다.

한데 고인의 기일이나 설날, 추석 같은 명절이 다가오면 예전에는 꼬박꼬박 제사를 모셨지만, 오늘날은 그때그때

다른 것 같다. 제사상은 유교 전통에 따라, 특히 진설도에서 정한 대로 차린다. 어떤 음식은 동쪽에, 어떤 음식은 서쪽에 놓고, 다른 음식은 앞줄이나 뒷줄에 놓아야 한다는 규칙이 있는 것이다.

상에는 국이나 생선처럼 생전에 고인이 좋아한 음식을 올린다. 고인의 이름을 적은 나무판인 위패나 지방紙牓을 써서 상 가운데 세워놓고 쌀밥 한 그릇도 올리는데, 밥공기에 수저를 꽂는다. 고인이 편하게 드시기 위해서라고 한다. 밥그릇에 수저를 꽂을 수 있는 유일한 기회다. 그러고서 절을 하는데, 청주나 백주를 올리고 사진 앞에 무릎을 꿇고 엎드린다. 이때 계절에 상관없이 문이나 창문을 살짝 열어두어야 한다. 고인의 혼백이 집 안에 들어와 음식을 드실 수 있어야 하기 때문이다. 대체로 장손이 진행하지만, 음식은 큰며느리나 어머니가 장만한다. 고생은 왜 늘 여자 몫일까?

고인과 마지막 술잔을 나누는 시간

장례를 치를 때 고인의 가족은 조문객에게 식사를 대접한다.

장례식장 앞에는 화환이 줄지어 서 있다. 이 건물은 '빈소殯所'

라고 불리는 십여 개의 개별 공간으로 나뉘고 1층에는 대개 식

당이 있는데, 이 식당이나 빈소 한편에서 문상객들에게 음식

을 제공한다. 빈소 중앙에는 하얀 국화로 장식된 제단이 있다.

제단 한가운데는 검은색 리본을 단 고인의 사진이 놓여 있고,

향로와 과일 쟁반도 보인다. 생전에 고인과 절친했던 이들은

이 영정 사진 앞에서 절을 한다. 절은 두 번을 하는데, 남자는

오른손이 위에 가게 하고, 여자는 왼손을 위에 올린다.

유족은 상복을 입는다. 남자는 검은 양복을 입고, 상주인 경우 팔에 흰 완장을 두르며, 여자는 흰색이나 검은색 한복에 하얀 머리핀을 꽂는다. 빈소 앞이나 식당 입구에는 조의금을 넣는 함 같은 것이 마련되어 있다. 유족이 막대한 장례 비용을 치르는 데 십시일반으로 보태기 위해서인데, 반드시 내야 한다. 답례로 상주는 문상을 와준 사람들에게 식사를 접대한다. 식사는 대개 방바닥에 앉아서 한다. 간단한 상차림이지만 이때도 술은 빠지지 않는다. 식사를 마치면 문상객은 돌아가는데, 빈소를 나서기 전에도 상주와 유족에게 다시 한 번 조의를 표한다.

금수강산에서 묘지 강산으로

예전에, 그러니까 아주 오래전에는 고인의 유해를 모실 만한 장소를 골라 묘를 썼다. 이 같은 묘를 '산소山所'라고 하는데, 등산을 할 때처럼 산길을 올라가야 한다. 무덤 앞에 도착하면 우선 절을 하고 고인의 넋을 기리며 청주나 백주를 올린다. 가져간 술잔이나 종이컵에 석 잔을 연속으로 따른 다음, 따른 사람 본인이 세 모금을 연거푸 마시고 나머지는 버릴 때가 많다. 산소 앞에서 음식을 먹기도 하는데, 생전에 고인이 좋아하던 음식을 준비한다. 그런 다음 산에서 내려오는 것이다.

이렇게 앞산 뒷산 할 것 없이 빽빽하게 자리 잡은 묘지 탓에(이제는 '금수강산'이 아니라 '묘지 강산'이라는 '웃픈' 표현까지 있다) 고속도로나 지방도로도 질러가지 못하고 굽이굽이 돌아 갈 수밖에 없다. 그래서 더 이상 산 중턱에 묘지를 만들지 못 하게 한다. 이제 고인의 유해는 '공원묘원'이나 '추모 공원' 같 은 이름이 붙은 도시 외곽의 공동묘지나 봉안당에 안치한다.

나보다 내 미래를
더 잘 아는 사람이 있다고?

인사동 같은 곳에 가면 길모퉁이나 도로 입구에 줄지어 선 알록달록한 천막이 눈에 띈다. 문을 대신하는 투명 비닐 뒤에는 주로 연세가 지긋한 어르신이 앉아 있는데, 주위로 누렇게 바랜 두툼한 책더미가 보인다. 손님을 기다리는 모습이다. 소위 '운명철학원'이라는 곳으로, 개인의 운명이나 연인과의 궁합을 알아보기 위해 찾는 장소다. 어떤 이는 자신의 앞날이 궁금해서 오고, 젊은 남녀는 서로 천생연분인지 알고 싶어 오며, 또 누군가는 답답한 속마음을 털어놓으려고 온다.

　나는 아직 사주를 본 적이 없는데, 한 번쯤은 가볼 생각이다. 내 미래에 대해서는 나보다 더 잘 알 사람이 어디 있을까 싶지만 말이다. 어쨌든 역술가는 음양과 오행 등 동양철학의 다양한 이론을 동원해서 점 보러 온 사람의 궁금증을 풀어준다. 풍수나 타로까지 접목하는 경우도 적잖다.

점술은 사람 사는 곳이면 어디나 있는 것인 만큼 이 나라에도 존재한다는 사실은 새삼스럽지 않다. 이 같은 행위가 풍속화 등에서 보이는 것처럼 수염을 길게 기른 도사가 앉아 있는 골방 같은 곳이 아니라 지나가는 사람들도 다 들여다볼 만큼 훤히 트인 데서 이루어진다는 게 놀라울 뿐이다. 하지만 점 보는 일이 일상사인 데다 무속의 전통이 매우 깊은 이 나라에서는 생판 모르는 사람 앞에서 자기가 이제껏 살아온 이야기를 풀어놓는 게 조금도 이상하지 않은데, 길한 것을 추구하고 흉한 것을 피하고 싶은 마음이야말로 '인지상정人之常情'이기 때문이다.

4부

오지랖을
유전자에 심은 민족

물 인심이 좋은 한국

물은 도교에 토대를 둔 한의학과 동양철학의 기본 원리를 이룰 뿐 아니라 한국의 신화에서도 아주 중요한 위치를 차지한다. 이 나라는 국토의 70프로가 산지로, 수자원이 풍부하고 연간 강수량도 높은 편이다. 강과 시내, 샘과 폭포가 곳곳에 넘쳐나 사람들의 목을 축이고 논밭을 적시고 둑에 가두어놓기에도 넉넉하다.

물 한 잔도 돈을 주고 사 먹어야 하는 프랑스와 달리 한국의 식당에서 물은 테이블 한복판을 떡하니 차지하고 있다. 병에 든 생수든, 정수기에서 받은 물이든, 구수한 보리차든

컵이 넘칠 만큼 철철 부어 마신다. 음식점에서 사용하는 플라스틱 물병은 대개 주둥이가 넓어서 물을 정확하게 따를 수가 없고, '빨리빨리'가 몸에 밴 한국인들은 잔에 넘치게 따르기 일쑤다. 여름에는 냉장고에서 바로 컵을 꺼내오는데, 소주나 막걸리도 마찬가지다. 병 주위로 물이 줄줄 흘러 이내 테이블이 흥건해지고 몇 병 마시다 보면 식탁 위는 한강이 되지만, 누구 하나 아랑곳하지 않는다.

여기에 한 가지 덧붙이자면 한국사람들은 냅킨을 뭉텅이로 뽑아 테이블을 쓱쓱 닦는데, 그러면 이 젖은 종이 뭉치에서도 물이 뚝뚝 떨어진다. 일부 식당은 냅킨 대신 여러모로 편리한 물티슈를 내놓기도 한다. 이걸로 식탁을 훔치고 나면 닭 뼈나 게 껍데기 같은 잡다한 음식물 찌꺼기 같은 것이 덕지덕지 붙어 있고, 식탁 위 물바다는 종종 진흙탕처럼 변해버린다.

대리 기사를 부른 것도 아닌데

7월의 어느 날, 우리 부부는 장인어른을 모시고 식사를 하러 갔다. 폭풍우가 몰아치던 그날 저녁 식당에 손님은 우리뿐이었다. 지구 종말을 방불케 하는 요란한 천둥소리가 나더니 하늘에 구멍이라도 뚫린 듯 장대비가 쏟아졌다. 밥은 진작에 다 먹었지만 차마 나갈 엄두가 나지 않아 망설이고 있었다. 그런데 주인아저씨가 오더니 집까지 우리를 태워다주겠다는 것이었다. 나는 사뭇 놀랐지만, 아내와 장인어른은 대수롭지 않은 눈치였다.

주인장은 곧 식당 문을 닫고 우리더러 따라오라고 했

다. 차까지 겨우 몇 발짝 걸었는데 그새 나는 물에 빠진 생쥐처럼 쫄딱 젖어버리고 말았다. 얼굴이 벌게진 나는 뒷좌석에 엉거주춤 앉았고, 결국 카시트를 흠뻑 적시고 말았다.

우리를 바래다주려고 일부러 돌아가는 건지, 아니면 어서 식당 문을 닫고 집에 가고 싶어 그런 제의를 했는지는 알 길이 없었다. 바깥은 여전히 천둥 번개가 치고 있었고 차 안에서 우리는 아무 말도 하지 않았지만, 난처한 상황에 처했을 때 남 일도 내 일처럼 두 발 벗고 나서는 이 나라 사람들의 인정이 새삼 느껴지는 순간이었다.

한국인들의 친절은 무제한

양구 근처의 어느 음식점에서 있었던 일이다. 제법 늦은 시간이었고 나까지 포함해서 모두 다섯 명이 모인 자리였는데, 그날 저녁 손님은 우리뿐이었다.

식사를 마치고 나서자 빗방울이 떨어지기 시작했다. 빗줄기는 굵지 않았지만 곧 그칠 것 같지 않았다. 나가지도 못하고, 다시 식탁에 앉지도 못한 채 현관에서 마냥 기다릴 수밖에 없었다. 그 순간, 주인아주머니가 잠깐 기다려보라면서 바깥양반을 깨우러 가겠다고 했다. 일찌감치 들어가 곤히 자고 있던 아저씨는 마나님의 부탁에 군말 없이 나왔지만, 아직 잠이 덜 깬 표정이었다.

한데 가는 날이 장날이라고, 하필이면 전날 카센터에 수리를 맡겨 차를 못 쓰는 상황이었다. 아저씨는 잠시 당황한 듯했으나, 이내 뒷마당으로 가서는 먼지 쌓인 용달 트럭을 몰고 나타났다. 그러면서 여자 둘은 앞자리에 앉고, 남자 셋은 짐칸에 타라고 했다. 부슬비가 계속 내려 주인아주머니가 우산을 빌려주었다. 우리 남자들은 우산 두 개를 나눠 쓰고 화물칸 바닥에 쪼그려 앉았다. 그렇게 짐짝처럼 이리 흔들리고 저리 흔들리면서 집으로 돌아왔다. 한 손은 짐칸 옆 판을 꼭 붙잡은 채 운전석에다 대고 천천히 좀 가달라고 연신 소리를 지르면서 말이다. 한국의 서비스는 과연 어디까지 가능한 걸까? 때로는 거의 '무제한'인 듯싶다.

몸에 밴 살뜰한 배려

한국사람들이 상대를 세심하게 챙기는 모습을 보면 늘 흐뭇하다. 꼭 내가 먼 데서 온 사람이라 더 위해주는 것도 아니고, 남의 눈을 의식해서 그런 것도 아닌 것 같다. 천성적으로 다른 사람을 도와주기를 좋아하기 때문이다.

한국인들은 손님에게 상석을 양보하고, 상대가 가장 좋아하는 요리를 시켜주며, 이웃이 반찬이나 김치를 챙겨주면 절대 빈 통으로 돌려주지 않는다. 춥거나 더우면 대신 자동차 창문을 여닫아주기까지 한다. 한국 여성을 아내로 맞고 한국인 며느리까지 둔 데다 재불 한인회 사람들과도 친분이 깊은 나로서는 사실 이렇게 은근히 마음을 써주는 게 좋다.

그러니 식당에서도 동석한 이성이 숟가락으로 밥을 푹 떠서 그 위에 김치나 고기를 얹어준다고 해도 화들짝 놀라지 말기 바란다. 다 인정이 넘쳐서 그런 것이다. 하지만 아기도 아닌데 밥을 떠먹여 주려고 할 때는 좀 난감한 게 사실이다. 솔직히 말해 그냥 알아서 먹게 내버려두면 좋겠다.

전 국민이 중매쟁이

한국인들은 결혼하지 않은 사람을 보면 대체로 가만히 내버려두지 않는다. 요즘은 그래도 어느 정도 용인하는 분위기라서 청춘남녀뿐 아니라 혼기를 놓친 사람들까지도 전보다는 덜 들볶이는 듯하다.

예전에는 결혼을 하면 곧바로 아이를 가져야 하고, 이왕이면 아들을 낳아야 한다고 생각했다. 그래서 아이를 갖기가 상대적으로 수월한 젊은 여성을 선호했다(젊음과 건강이 어느 정도 비례하는 만큼 이해가 안 가는 건 아니다). 이런 의미에서 아직도 여자는 한 살이라도 더 어릴 때 결혼하는 게 좋다고 여기는 사람들이 많다. 따라서 그때까지 짝을 찾지 못하면 "그 나이 먹도록 시집도 안 가고 뭐 했어?"라는 잔소리에 허구한 날 시달릴 각오를 해야 한다. 머리 모양을 이렇게 해보라느니, 옷차림과 화장을 저렇게 바꿔보라느니 하는 오지랖은 덤으로 따른다.

갖은 애를 써도 제 짝을 만나지 못하면 다른 사람의 도움을 받을 수 있는데, 이른바 '소개팅'을 하는 것이다. '소개'라는 명사에 '미팅meeting'의 '팅'을 붙인 말로, 제삼자가 주선한 만남을 의미한다. 흔히 친구나 친구의 친구가 어울릴 만한 청년을 연결해 준다. 물론 반대도 가능하다. 하지만 남자들은 늦게 결혼해도 되는지 별로 서두르지 않는 분위기다.

그래서 그런지 고급 호텔의 카페나 레스토랑에 가면 조금만 둘러봐도 연인은 아닌 것 같은 두 남녀가 마주 보고 서먹하게 앉아 있거나 어색한 웃음을 지으며 어떻게든 대화를 이어가려고 애쓰는 모습이 심심찮게 보인다. 한쪽만 그렇든 둘다 그렇든 얼굴이 딱딱하게 굳어 있으면 결혼이고 뭐고 다 물 건너갔다는 뜻이다. 한국 드라마에는 이런 장면이 종종 나오는데, 소개를 통한 이 같은 만남도 일종의 '중매'라고 할 수 있다.

소개팅은 예전부터 존재했다. 바로 '선' 또는 '맞선'이라고 부르는 절차다. 흔히 '선을 본다' '맞선을 본다'고 하는데, 양가 부모가 자식들을 시집, 장가보내기 전에 미리 만나보게 하는 것이다. 이 같은 만남을 전문적으로 주선하는 중매쟁이, 속된 말로 '마담뚜madame tout'라는 직업도 있다. 물론 오늘날은 이보다 현대적인 소개팅을 선호한다. 이런 중매 문화는 두 가지 필요에서 기인한 것으로, 우선 사회의 최소 단위인 가정을 이루기 위한 것이고, 다음으로 이질적인 사회 계층 간의 뒤섞임을 피하기 위한 것이다. 여기에는 일종의 '저울질'을 통해 사회적 혼란의 우려를 없애고자 하는 의도가 존재한다.

그런 의미에서 중매는 이러한 만남이 이루어지기 위한 상호 합의의 가능성을 보여준다는 데도 주목할 필요가 있다. 실제로 결혼할 마음이 아예 없어 무슨 핑계를 대서라도 맞선 자리에 가지 않으려는 사람들도 있다. 오늘날 서로 다른 계층의 결합은 그리 흔치 않지만, 신붓감의 혼수와 신랑감의 직업, 재산 등이 '조절 장치' 역할을 한다. 첫 만남이 괜찮은 것 같으면 '애프터' 신청을 한다. 이렇게 몇 차례 만남이 이어지는 동안 두 남녀는 서로 천생연분인지 아닌지를 확인한다. 그래도 석연치 않으면 궁합을 보기도 한다.

휴대폰을 두고 가도
잃어버리지 않는 나라

알다시피 한국은 치안이 아주 잘 된 나라다. 물론 크고 작은 범죄는 존재한다. 하지만 대도시든 시골이든 어디서나 대체로 안전하다는 느낌이 든다. 특히 서울의 치안 상태는 매번 입이 떡 벌어질 정도다. 굳이 없어도 되는 곳에 가드레일을 쳐놓고, 울퉁불퉁한 보도도 일일이 덮어놓는 데다 건물마다 보안 직원이 친절하게 안내를 해준다.

카페나 식당에서도 마찬가지다. 주문을 하거나 화장실에 가려고 잠시 자리를 비울 때 테이블에 지갑과 휴대폰, 소지품 등을 그대로 두고 가도 아무 일도 일어나지 않는다. 한국을 제집처럼 드나드는 여행자한테는 새삼스럽지도 않은 일이다. 하지만 한국처럼 어디를 가도 안전한 곳에 있다가 제 나라로 돌아가면 '정신 줄'을 꼭 붙들어야 한다.

최선을 다해 모시겠습니다

딱 잘라 말하기는 어려워도 흔히 말하듯, 그리고 나 역시도 진심으로 동의하는데, 한국인은 무엇보다도 친절한 민족이다. 물론 이 같은 주장에는 근거가 뒷받침되어야 하는데, 여기서 밝혀둘 것은 한국사람 개개인이 다 친절하다기보다는 전반적으로 그렇다는 말이다.

다시 우리의 명제로 돌아와 보자. 한국인들은 친절하다. 아니, 더 정확히 말해 친절하고 무엇이든 도와주려고 한다. 이 나라 사람들은 당신한테 무엇이 필요한지 물어보기 전에 직접 나서서 해주려고 할 때가 많다. 혼자 거뜬히 할 수 있는 일도 대신해 주려고 하는 것이다.

한국인들은 당신을 위해 유명 맛집을 찾아주고, 그곳에 대해 입에 침이 마르게 칭찬을 늘어놓은 뒤 자동차나 지하철을 45분이나 태워 이 최고의 식당으로 데려간다. 한국에 난생처음 온 사람이든 이 나라 사정에 훤한 사람이든 상관없이 당신이 아직 맛보지 않은 별미를 대접한다. 마르세유 근교의 작은 도시에 사는 나에게 5분 이상 걸어서 식당에 간다는 건 원정遠征이나 다름없는 일이다. 서울사람한테 지하철 45분은 잠깐 콧바람 쐬고 오는 거리라도 내게는 신세계를 찾아 나서는 대항해에 버금간다는 말이다. 널찍한 집에 사는 이들은 굳이 돈을 쓸 이유가 없다면서 먼 나라에서 온 손님을 재워주려고 하지만, 자기 집이 서울에서 한 시간 반 거리라는 사실은 잊어버린 눈치다. 그러면 다음 날 아침, 당신의 '시티 투어'는 콩나물시루 같은 '지옥철'로 시작된다.

한국사람의 차를 얻어 타게 되면 이미 카시트는 뜨끈뜨

끈하게 데워놓았고 너무 덥거나 추울까 봐 당신이 앉은 쪽의 창문을 올려주거나 내려준다. 물론 당신의 의사를 물어보는 일은 없다. 한 번은 이런 적도 있었다. 택시를 탔는데 기사 양반이 갑자기 창을 쑥 올려버렸다. 뒷좌석에 앉은 손님이 추울까 봐 그런 걸 텐데, 하필이면 그때 마침 내가 창틀에 손을 올려놓고 있었던 것이다. 졸지에 손가락이 끼어버린 나는 곧바로 병원으로 달려가 엑스레이를 찍고 골절 진단을 받았다.

식당에 가서도 한국인들은 당신의 기호嗜好를 한참 캐묻지만 정작 주문할 때는 자기들이 미리 생각해 둔 요리를 시키는데, 여기가 진짜 맛집이라면서 손님의 취향은 뒷전일 때가 많다. 당신이 어디가 아프다고 하면 이들은 자신이 다니는 병원에 데려가는데, 역시 한국 최고의 명의가 바로 그곳에 계시기 때문이다. 조금만 피곤해 보여도 약국으로 끌고 가서 어리둥절한 당신에게 각종 영양제를 떠안긴다. 맛이 기가 막힌 100cc 병으로 가득 찬 상자도 빼놓지 않는다.

따라서 별다른 꿍꿍이가 있지 않은 이상 한국사람 앞에서는 아무리 사소한 희망 사항이라도 입에 올리지 않는 편이 좋다. 그러면 백방으로 수소문을 해서 당신의 소원을 들어주려고 하거나 그러지 못하면 미안해서 몸 둘 바를 몰라 하기 때문이다. 이들은 오직 당신을 기쁘게 해주고 한국과 한국사람들의 가장 좋은 모습을 보여주고 싶은 마음뿐이다.

행여 당신이 불쾌한 일을 겪었다고 하면, 가령 호텔이나 식당에서 푸대접을 받거나 누군가로 인해 언짢았다고 하면 이들의 표정이 금세 굳어버리는 것을 볼 수 있다. 분명 한국인이라면 저마다 어느 정도는 마음속에 품고 있는 제 나라에 대한 사랑에서 비롯되는 반응일 테다. 하지만 여기에는 무엇보다 이 민족 특유의 정情이 있는데, 그 덕분에 타고난 수줍음과 조심성마저 무릅쓰고 당신을 도우려고 나서는 것이다. 물론 이것도 한 서양사람의 생각일 뿐이다.

사생활보다 중요한 책임감

요즘 공중화장실에는 관리를 담당하는 업체명이 표기되어 있다. 프랑스에서는 공공장소의 경우 청소 담당자의 성명을 기재할 때가 많은데, 이를 통해 누가 몇 시에 청소하고 다음 순번은 누구인지 알 수 있는 것이다. 그런데 인천공항에 갔을 때 나는 깜짝 놀랐다. 담당 업체명과 연락처뿐 아니라 청소 책임자의 이름, 휴대폰 번호까지 버젓이 적혀 있던 것이다. 유럽에서는 결코 있을 수 없는 일로, 사생활 존중을 위해서뿐 아니라 그 누구도 온종일 항의 전화에 시달리고 싶지 않기 때문이다. 인천공항이야 감사 인사와 칭찬 일색이겠지만 말이다.

땡볕 아래 선 경찰과 보행자

푹푹 찌는 무더운 여름날, 시위가 너무 길어지면 공공기관에서 설치한 파라솔 아래로 왔다 갔다 하는 경찰관들이 눈에 띈다. 땡볕을 피해 그늘을 찾아 돌아다니는 이들의 모습을 지켜보는 것이 제법 흥미로운데, 큼직한 안면 보호 마스크로 코밑부터 턱 끝까지 가려 얼핏 보면 아프리카 투아레그족 전사 같기도 하다.

사거리에서도 횡단보도 근처에 대형 그늘막을 여러 개 세워놓았는데, 신호등이 파란불로 바뀌기를 기다리면서 그 아래서 뙤약볕을 피할 수 있다. 누가 처음 아이디어를 냈는지 모르겠지만, 행정기관인지 시민단체인지 사기업인지는 몰라도 한여름 보행자의 복지를 생각한 조치인 것만은 분명하다. 그렇다면 겨울에 이 파라솔은 어디에 가 있을까? 아마도 우산 집에 고이 싸여 서울의 폭염에 다시 맞설 그날을 위해 안전한 곳에 잘 모셔두었을 테다. 한국을 무척이나 호감 가는 나라로 만드는 이 같은 마음 씀씀이 앞에서 절로 감탄이 나온다.

경찰도 아니면서
교통 정리를 하는 사람

서울 시내에서는 특히 주말이면 사복에 안전 조끼를 걸치고 야구 모자를 쓴(이른바 시니어의 '교복'이다) 어르신들이 사거리에서 교통 정리를 하는 광경이 종종 눈에 띈다. 태권도 품새를 수련하는 건 아닐 테고, 교통 규칙을 위반한 운전자에게 범칙금을 부과하려는 것 같지도 않다. 그럴 권한도 없지만 말이다. 이들의 바람은 오직 '차량의 원활한 통행'뿐이다.

연세가 지긋하신 이 아저씨들은(아주머니는 본 적이 없는 것 같다) 전부 자원봉사자들이다. 더 정확히 말하면 '모범운전자' 타이틀을 딴 택시 기사들이다. 그중 몇몇은 차량 계기판

위에 '베스트 드라이버'라고 쓴 팻말을 떡하니 붙여놓기도 한다. 이들은 틈날 때마다 서울의 지옥 같은 교통을 정리할 책임을 기꺼이 짊어지고 나라를 위해서라면 두 팔 걷어붙이고 나선다.

초등학교 앞에서도 등하교 시간에 아이들의 안전을 지키는 '녹색 어머니'들을 볼 수 있다. 다정하게 인사를 건네며 모든 아이를 내 아이처럼 보살피는 이들의 모습을 보면 내 마음도 흐뭇해진다.

타의 추종을 불허하는
한국의 서비스

서구의 여러 나라에서 서비스의 질은 점점 더 떨어지고 있고, 서비스업 종사자들이 누리는 삶의 질도 마찬가지다. 그런데 한국에서는 세탁소에 셔츠 다림질을 맡기면 배달까지 받을 수 있고, 또 가전제품이나 컴퓨터가 고장 나도 30분도 안 돼 수리 기사가 집으로 찾아온다.

프랑스에 갓 도착한 사람은 처음에는 먹통이나 다름없는 굼뜬 서비스에 어이가 없고, 이어서 열불이 나지만, 결국은 울며 겨자 먹기로 받아들인다. 프랑스, 더 나아가 유럽에서 '손님은 왕'이 아니다. 식당에서 서빙하는 사람이 올 때까지 15분은 기다리는 게 기본이고, 인터넷 연결에는 3주나 걸리며, 재킷 소매를 줄이는 데도 자그마치 30유로, 그러니까 4만 원이 훌쩍 넘는 돈이 든다. 사례를 들자면 끝도 없고 힘만 빠지니 이 정도로 해두는 게 좋겠다.

한국인들과 달리 프랑스사람들은 제 손으로 고치고 만들기를 좋아한다. 한국사람들은 자신이 하는 것보다 전문가를 부르는 게 더 빠르고 싸게 먹히기 때문에 스스로 하지 않는다(이 나라 남자들이 하나같이 하는 말이다). 한국에 사는 어느 프랑스 친구의 말에 따르면, 아침에 기술자를 불렀는데 점심때까지 오지 않으면 그 사람은 '바이바이bye bye'라고 했다.

생각해 보니 나 역시도 한국 서비스의 진수眞髓를 경험한 적이 있다. 장인어른이 쓰시는 컴퓨터에서 비행기가 이륙하는 것 같은 요란한 소리가 나서 아침 여덟 시에 서비스 센터에 전화를 걸었다. 상담원과 통화를 마치자마자 곧바로 수리 기사한테 연락이 왔다. 지금 당장은 못 오고 열한 시나 되어야 가능하다면서 몇 번이나 죄송하다고 했다. 그러고서 세 시간 뒤, 정확히 열한 시 정각에 초인종이 울렸다. 수리 기사였는데, 무슨 고장인지 정확히 몰라 온갖 장비를 다 짊어지고 온 모습이었다. 들어오면서 더 일찍 못 와서 미안하다고 또다시 사과했다. 수리는 십 분 만에 끝났고, 기사는 외려 우리한테 고맙다고 하고서 부리나케 떠났다.

어디 그뿐인가. 저녁 여덟 시쯤 셔츠 세탁과 다림질을 맡겼는데 두 시간 만에 집으로 배달받은 적도 있다. 단돈 몇천 원에 깨끗하게 빨아서 옷걸이에 건 말쑥한 셔츠를 내 집에 가만히 앉아서 받은 것이다. 물론 이렇게 신속한 서비스는 노동자의 건강과 가정생활에 영향을 끼칠 수밖에 없다. 하지만 자국의 느려터진 서비스에 넌더리가 난 프랑스사람은 타의 추종을 불허하는 이 나라 사람들의 신속함이 그저 반갑고 고맙기만 할 따름이다.

이런 말로도 썩 와닿지 않는 독자가 있다면 다음 사례

가 도움이 될 것 같다. 저명한 문학평론가이기도 한 어느 교수님을 프랑스에 초청한 적이 있다. 쾌적한 아파트로 숙소를 잡아 드렸지만 와이파이가 설치되지 않은 곳이었다. 그 사실만으로도 교수님은 상당히 의아한 눈치였다. 우리는 부랴부랴 인터넷 신청을 하러 갔다. 한참을 기다린 뒤 이런저런 서류를 작성하고는 인터넷 공유기를 신청했으니 3주 뒤에 수령할 수 있다고 적힌 서류 한 장을 받아 들고 나왔다. 돌아오는 길에 교수님은 물었다. 여기서는 공유기 값을 다 받아 챙기고도 종이 쪼가리만 달랑 주는 게 당연한 일이냐고 말이다. 실망을 넘어 거의 허탈하다시피 했던 교수님의 표정이 아직도 생생하다.

뭘 그런 걸 가지고

슈퍼 문 위에 "잠시 외출 중. 곧 돌아오겠습니다"라는 쪽지가 붙어 있었다. 살을 에는 듯한 강추위에도 손님들은 아무런 불평 없이 조용히 기다리는 모습이었다. 마침내 문이 열렸지만, 짐짝만 한 상자 여섯 개가 입구를 떡하니 막고 있어 그 사이로 갈지자를 그리며 들어갈 수밖에 없었다.

이렇게 한국에서는 손님이 군말 없이 알아서 비켜 다니지만, 프랑스였다면 진작에 주인한테 따지고 들었을 테고, 그렇지 않으면 구시렁거리기라도 했을 것이다. 그러나 한국 사람들은 아무렇지도 않게 말한다. "뭘 그런 걸 가지고."

보도에 덮어놓은 한국인들의 친절

거리를 걷다 보면 파헤쳐놓은 보도블록 위로 두꺼운 부직포 같은 것을 얌전하게 덮어놓은 모습이 종종 눈에 띈다. 바닥이 울퉁불퉁해도 물에 흠뻑 적신 꺼끌꺼끌한 천을 깔아놓은 덕분에 넘어지거나 발목을 삐끗하지 않고 무사하게 지나갈 수 있다.

프랑스라면 같은 상황에서 구덩이 앞에 표지판 하나만 달랑 세워놓고 딴 길로 가라고 할 것이다. 이 말인즉 알아서 비켜 다녀야지 그러지 않고 뭘 하느냐는 뜻이다. 차도에 포트홀pot hole이 있을 때도 프랑스식 통지를 볼 수 있는데, 땅이 움푹 꺼져 운전자와 차량이 위험할 경우 도로를 보수하기보다는 그 옆에다 삼각 안내판 하나를 갖다 놓는 편을 택한다.

'물웅덩이 주의'라고 써놓은 팻말이 언제까지 그 자리에 있

을지는 아무도 모른다.

모두가 함께 듣는 환자 소견서

장인어른께서 뇌졸중 때문에 입원하셨을 때의 일이다. 어떤
가게에 가셨다가 갑자기 쓰러지셔서 바로 응급실에 실려 가
셨다. 소식을 들은 아내와 나는 부리나케 달려갔지만, 몇 시
간 뒤에나 장인어른을 볼 수 있다고 했다. 그래서 복도에서
담당 의사를 붙들고 지금 상태가 어떤지 물어보던 참이었다.

어쩌다 보니 주위로 하나둘 사람들이 모여들기 시작했
다. 복도를 지나가는 입원 환자와 보호자들이었다. 어느새 한
무리가 우리를 에워쌌고, 결국 장인어른의 사정이 생판 남들
한테까지 다 알려지고 말았다. 환자복 차림의 구경꾼들이 뒷

짐을 지고서 뇌혈관 질환의 증후와 부작용에 대한 의사 선생의 설명을 귀 기울여 듣고 있었는데, 대학교 교양 강의가 따로 없었다. 다들 고개를 끄덕이며 동조하는 모습이었고, 안쓰러운 눈길로 우리를 쳐다보는 이들도 있었다. 이는 프랑스에서는 상상조차 할 수 없는 일로, 의료상의 기밀은 의사뿐 아니라 그것을 들은 사람도 철저하게 준수해야 하는 내용이기 때문이다. 이렇게 나는 처음이자 마지막으로 설교 말씀이라도 듣는 것처럼 경청하는 일군의 청중 앞에서 본의 아니게 우리 집안일을 만천하에 공개한 적이 있다.

환자인지 병원 직원인지

한국에 온 아들 녀석이 교통사고를 당해 입원했을 때의 일이다. 부랴부랴 병원에 도착한 아내와 나는 아들이 입원했다는 층으로 올라갔다. 엘리베이터에서 내리자마자 환자복 차림을 한 어떤 사람이 우리를 보고는 대뜸 아들의 이름을 말하며 부모가 맞느냐고 묻는 것이었다. 그러더니 자기를 따라오라면서 어느 병실로 향했다. 따라가 보니 깁스를 한 아들이 병상에 누워 있었다.

이렇게 우리는 난생처음 보는 사람한테 피붙이를 소개받은 적이 있다. 이것만 보더라도 한국인들이 외국에서 온 사람을 도와주는 데 얼마나 진심인지를 알 수 있다. 한국사람들이 외국인을 보면 경계의 눈초리를 늦추지 않던 것도 다 옛날이야기다. 오랫동안 굳게 문을 걸어 잠갔던 이 나라는 열강의 압력에 결코 굴하지 않으면서 민족적, 문화적 동질성을 지켜 온 것에 대한 커다란 긍지를 지니고 있었다. 하지만 이제 한국은 상대 국가에 따라 다소 차이가 있기는 하지만 점점 더 우호적인 경향을 보이고 있다. 한국에 자리를 잡고 여기서 일하고 사는 게 전만큼 어렵지는 않다는 얘기다.

한국사람들의 생각에는 늘
'우리나라'가 있다

차가 계속 막혀 예상보다 요금이 훨씬 더 많이 나오자 택시 기사가 천 원을 빼준 적이 있다. 액수로 따지자면 70상팀 남짓. 1유로도 채 안 되는 푼돈이지만, 내가 달라고 한 것도 아니었다. 도로 사정이 안 좋았던 게 운전사 책임은 아니었다. 물론 딴 길로 갈 수는 있었겠지만 말이다. 이른 아침이었고, 기사 양반의 넉넉한 마음 씀씀이는 하루의 첫 손님이 '마수걸이'라며 공짜로 태워주는 지난날의 관습을 대신한 것으로 생각된다.

한국사람들은 관광객이든, 나처럼 이 나라에 어느 정도

익숙한 사람이든 외국인에게 매우 친절한 편이다. 그날 기사는 내비게이션이 알려주는 대로 갔으면 교통 체증을 피할 수도 있었는데 그러지 못해 마음에 걸렸을지도 모른다. 아니면 이런 행동을 통해 한국이라는 나라가 썩 괜찮은 곳이라는 인상을 주고 싶었던 것 같기도 하다.

이처럼 한국사람들이 하는 생각과 행동의 바탕에는 늘 '우리나라'가 있다. 단순한 애국심 이상의 드높은 긍지. 반만년 역사를 이어온 든든한 자부심. 각자의 자리에서 제 몫을 다하며 살아가다가도 나라가 어렵거나 위기에 처할 때면 언제라도 힘을 모아 슬기롭게 극복하는 한국인들의 저력이 바로 여기서 비롯되는 듯하다.

5부

삶의 전략으로 택한
실용주의

한국인의 조바심

한국사람들의 참을성(또는 참을성 부족)은 좀 신기한 면이 있다. 이 나라 사람들은 어린애가 한 시간 동안 빽빽거리며 우는 건 잘도 참지만, 가령 식당에서는 오 분도 못 기다린다. 또 앞사람이 코앞에서 문을 꽝 닫고 나가면 오만상을 찌푸려도, 정작 자신은 다음 사람을 위해 1초도 쓸 마음이 없다.

한국사람이 식당에 들어가서 어떻게 하는지만 봐도 알 수 있다. 재킷을 벗고 직원을 부르기도 전에 이리저리 두리번거린다. 서빙하는 사람이 바로 오지 않으면 테이블에 부착된 벨을 손에 쥐가 날 정도로 눌러댄다. 이 같은 참을성 부족은 가게에서도 여지없이 드러나는데, 먼저 온 사람이 있어도 어떻게든 '새치기'할 방법을 찾아낸다.

어제만 해도 그랬다. 반찬 가게에서 뭘 물어보는 중이었는데, 그새를 못 참고 누가 불쑥 끼어들었다. 한데 더 어이가 없었던 것은, 그러자 점원이 마치 기다리기라도 한 듯 나를 내팽개치고 그 손님한테 바로 가버렸다는 사실이다. 그뿐만이 아니다. 지방의 어느 고속버스 터미널에서도 비슷한 일이 있었다. 일행과 함께 표를 끊는데, 접수대에 올려놓은 내 팔 밑으로 웬 할머니가 고개를 쑥 들이밀고 들어와서는 창구 직원에게 다짜고짜 버스가 몇 시에 있느냐고 묻는 것이었다. 앞사람들이 아직 끝나지도 않았는데 말이다. 어이가 없던 우리는 웃음밖에 나오지 않았지만, 할머니는 그런 일이 일상다반사인지 아무렇지도 않은 눈치였다.

빨간불에 돌진하는 한국 택시

다들 알다시피 일부 택시 기사들은 도심의 F1 레이서다. 어찌나 쏜살같이 달리는지 행여 다른 차와 부딪치지나 않을까, 난데없이 보행자가 튀어나오지나 않을까, 빨간불을 그냥 지나치지는 않을까 내내 가슴을 졸이게 된다.

의정부에 가려고 택시를 탔던 때가 기억난다. 아내와 나는 뒷좌석에 서로 바짝 붙어 앉아 기사 양반한테 제발 좀 천천히 가달라고 몇 번이나 부탁했는지 모른다. 한데 놀라운 것은 택시 기사들이 자기 차의 제동장치를 무한 신뢰하고 있다는 사실이다. 이들은 장애물을 휙휙 지나치고, 코앞에서

브레이크를 밟으며, 빨간불에 돌진하기 일쑤다. 얼떨결에 승객은 횡단 보도에서 벌어지는 무법 질주의 말 없는 공범자가 되는데, 기사는 건널목 직전에서 또 끼-익, 하고 멈춘다. 자동차 브레이크의 신神이 있다면 한국인일 게 분명하다.

뒷사람을 위해 3초만

한국에서는 어떤 가게나 건물에 들어갈 때 뒷사람을 위해 문을 잡아주지 않을 때가 많다. 바로 뒤에 누가 오는 걸 뻔히 알고서도 그러는지, 진짜 몰라서 그러는지 알 수가 없다. 한국에 몇 번 와본 사람이라면 결국 체념하고 받아들이게 된다. 하지만 초짜라면 문전박대를 당하는 느낌을 떨쳐버리기 어렵다. 프랑스에서 이렇게 하면 따가운 눈총을 받기 십상이다.

10분이면 오케이

은행에서 카드를 발급받는 데 걸리는 시간이다. 한국에서 내가 거래하던 은행 지점에 갔을 때도 체크카드가 나오는 데 5분이 채 안 걸렸다. 신청서에 서명을 하자 직원이 서류를 들고 커튼 뒤로 사라지더니 잠시 후 드르륵, 하는 기계 소리와 함께 방금 찍어낸 따끈따끈한 카드를 들고 나온 것이다.

프랑스에서는 좀 다르다. 신청서를 기입하는 것은 똑같은데, 그것만 한 뭉치다. 서명을 다 마치면 이른바 '사전 인터뷰'가 끝난 것이다. 이마저도 며칠 전에 예약을 해야 한다. 면담이 끝나면 은행 직원은 당신의 손을 꼭 붙잡고 카드 발급을 축하드린다고 말한다. 카드는 자택에서 수령할 수 있다.

무려 3주 뒤에 말이다. 그것도 한 번에 주지 않는다. 먼저 비

밀번호를 전달받고, 카드는 나중에 도착한다.

60분이면 오케이

당신의 시력에 딱 맞는 안경을 맞춘 후 그걸 받아 쓰는 데까지 걸리는 시간이다.

90분이면 오케이

바지 기장을 줄이는 데 걸리는 시간으로, 그것도 3.3유로, 그러니까 단돈 오천 원밖에 들지 않는다.

180분이면 오케이

잘 다림질된 셔츠를 밤 열 시에 집으로 배달까지 받는 데 걸

리는 시간이다.

이토록 기발한 장치

한국인들의 실용주의를 보여주는 예는 수두룩하지만, 그중에서도 특히 눈에 띄는 게 있는데 바로 '뜯는 곳'이라는 표시다. 어떤 상자나 봉투든 표시된 곳을 잡아당기기만 하면 된다. 조미김이든 냉동식품이든 라면이든 예외가 없다.

그런데 이 같은 편리함은 프랑스에 돌아와서 같은 상황에 처할 때 비로소 실감하게 된다. 가위로 자르거나 미친 듯이 힘을 주거나 머리를 쥐어짜내야 간신히 포장을 뜯을 수 있기 때문이다. 약봉지를 찢으려고 점선대로 잡아당겨 봤자 헛수고다. 점선 표시는 허전해서 채워 넣은 디자인에 지나지 않고, 당신 손에는 마구잡이로 뜯어낸 종이 부스러기만 남아 있을 뿐이다. 각종 연장이 든 상자(프랑스인들은 한국사람과는 달리 기술자를 부르기보다 제 손으로 만들고 고치기를 좋아한다)는 가위로 자를 수 있으면 다행이고, 심한 경우 도끼나 전동 드릴이라도 동원해야 할 판이다. 그중에서도 최악은 진공 포장이 된 커피 봉투로, 옆으로 잡아당기라는데 포장지를 뜯을 때마다 어김없이 발 위로 가루가 퍽 쏟아진다. '열린 정신'의 나라 프랑스라고 해서 모든 게 다 제대로 열리는 건 아니다.

한국인들은 서비스와 편리함에 목을 매고, 참을성이 거의 없다. 어떻게 열고 뜯어야 하는지 미주알고주알 달아놓은 설명을 언제 일일이 다 읽고 있으란 말인가! 이런 성미 급한 사람들을 만족시키고자 엔지니어들과 마케팅 책임자들은 소비를 촉진하기 위한 갖가지 기발한 장치를 고안해 냈고, '뜯는 곳'은 그 대표적인 예시다.

남자 화장실에서도 볼 수 있는
기저귀 교환대

논쟁 자체보다도 이로 인해 파생되는 변화가 더 흥미로울 때가 있다. 한 성별이 다른 성별의 희생을 기반으로 특권을 누려왔다는 점에서 남녀갈등이 이보다 더 첨예할 수 없는 나라에서 백화점이나 놀이공원, 고속도로 휴게소 등 어디를 가든 남자 화장실에 아기를 눕히고 기저귀를 갈 수 있는 테이블이 마련되어 있다는 사실이 매우 고무적이다.

엄마보다 나를 더 걱정해 주는
긴급 재난 문자

겨울철, 특히 춥고 눈 내릴 때 눈송이가 조금만 흩날려도 당신의 휴대폰에는 시청에서 발송하는 메시지가 쏟아진다. 날씨가 춥고, 현재 기온이 몇 도이고, 하늘에서 눈이 내리고, 땅에도 몇 센티미터가 쌓였으니 조심하라는 내용이다.

하지만 당신은 알고 있다. 십 분 뒤에 또 문자가 와서 몇 센티가 더 쌓였고, 길이 얼어 미끄러우니 눈을 치워놓은 데로만 걸으라고 당부할 것이다. 아직 동도 트지 않았는데 언제 다 치워놓은 건지 모르겠다. 또 파이프나 틀어놓은 수도꼭지 근처로 다니지 말라며 길이 금방 얼어서 보기보다 훨씬 더 위험할 수 있다는 설명까지 덧붙인다. 이렇게 온종일 당신의 휴대폰은 긴급 재난 문자가 빗발치는데, 결국 조심하고 또 조심하라는 소리다. 귀에 딱지가 앉을 지경이지만 주의하지 않으면 당신만 손해고, 빙판에 제대로 엉덩방아를 찧고 나서 후회할 때는 이미 늦었다.

그런 걸 왜 물어보세요?

무릎에 상처가 나서 동대문에 있는 한 약국에서 연고를 처방받았다. 얼마나 자주 바르면 되냐고 물었더니 약사의 대답은 다음과 같았다.

　"적당히 바르시면 돼요."

세상에 무서울 게 없는 분들

버스 정류장 앞에서 시간표를 보려고 기웃대는데, 갑자기 누가 내 엉덩이를 꽉 꼬집는 게 느껴졌다. 뒤돌아보니 맙소사, 백 살도 더 된 것 같은 할머니였다! 퉁명스럽게 "비켜!"라고 소리치면서 나를 휙 밀치고 성큼성큼 지나갔다. 엉거주춤 물러서기는 했지만, 꼬집힌 데가 하도 얼얼해서 한 손으로 계속 문지를 수밖에 없었다.

이 일화는 한국의 문화적 특징을 적어도 두 가지는 보여주는데, 우선 이 나라의 어르신은 면책특권을 누리는 존재라는 것이다. 다 그렇지는 않아도 일부 노인들은 나이가 벼슬인 줄 알고 젊은 사람들한테 걸핏하면 막말을 내뱉고 제멋대로 행동한다.

두 번째 특징은 새삼스러운 것은 아닌데, 한국 여자들은 연령을 불문하고 기운이 넘친다는 것이다. 특히 나이가 많을수록 힘이 장사다. 한평생 소처럼 일하고 고된 시집살이까지 견뎌낸 우리네 어머니들은 혀를 내두를 만한 '강철 멘탈'의 소유자로, 세상에 무서울 것이 없는 분들이시다.

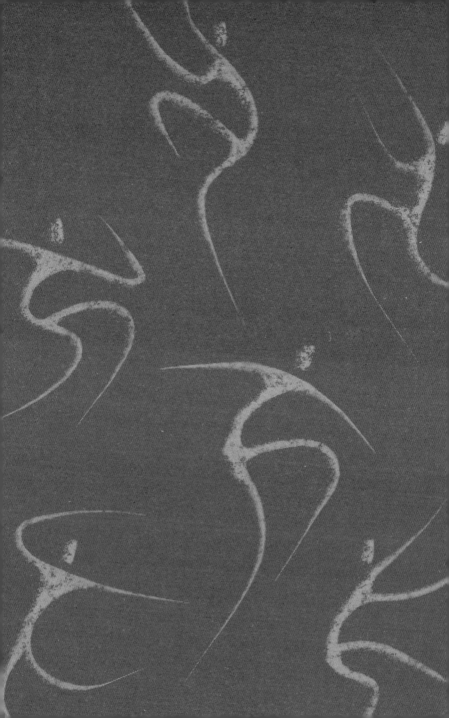

6부

치열하게,
때로는 느긋하게

잠자리의 더듬이처럼,
고양이의 수염처럼

한국사람들은 휴대폰을 제 몸의 일부처럼 여긴다. 걸으면서 휴대폰을 사용하는 데도 이골이 났다. 이렇게 앞도 안 보고 가다가 맞은편에서 오는 사람과 언제 부딪혀도 이상하지 않다. 하지만 충돌하기 바로 직전, 한국인은 잽싸게 몸을 돌려 피한다. 그런 중에도 시선은 여전히 화면에서 떠날 줄을 모른다. 잠자리의 더듬이나 고양이의 수염, 뱀의 날렵한 혀 같은 감각기관까지는 아니더라도 즉각적으로 접촉을 감지하는 센서가 장착되지 않고서는 불가능한 일이다. 길에서 딴 사람과 부딪치는 게 그리 예측 불가능한 상황은 아니지만 말이다.

새벽부터 안내 방송을 하는 나라

6·25 전쟁의 유물로, 한국의 아파트에는 원래 위기 발발 시 주민들을 대피시키기 위한 용도로 집집마다 스피커가 설치되어 있다. 휴전 중인 오늘날, 이 장치는 반상회 공지와 공동생활을 위한 여러 가지 준수사항을 알려준다. 이 같은 공지는 대개 당신과는 별 상관이 없고 관심도 가지 않는 내용이긴 해도 경계 태세를 유지하게 해주는데, 집에서 뭘 하고 있든 매번 화들짝 놀라기 때문이다.

한데 놀라운 점은 주차를 잘못해서 통행을 막고 있으니 당장 내려와 차를 빼라고 하거나 분리수거를 똑바로 하라고 꼭두새벽부터 안내 방송을 한다는 것이다. 나처럼 삐딱한 사람이 보기에는 이 모든 게 다 '빅 브라더'의 음모가 아닐까 싶지만, 제 나라의 다른 반쪽이 언제 쳐들어올지 모른다는 두려움 속에서 한순간도 살아본 적이 없는 이방인인지라 이같은 '유비무환有備無患'의 정신을 헤아리지 못하는 걸 수도 있다.

보기만 해도 아찔한 욕실 콘센트

욕실에 들어갈 때마다 물방울이 사정없이 튀는 이 공간에 덮개도 없이 그대로 노출된 콘센트를 발견하고 흠칫 놀라곤 한다. 프랑스에서는 결코 볼 수 없는 광경으로, 관련 안전 지침이 철저하기 때문이다.

한국에서는 전기 기술자도 집주인도 공공기관도 별걱정을 하지 않는 눈치다. 가정에서 발생하는 사고와 관련한 통계 수치는 잘 모르겠지만, 그것과는 별개로 물방울이 떨어지기만을 기다리는 듯한 콘센트를 보고 매번 소스라칠 뿐이다. 70년대부터 90년대까지 대도시의 인구 유입에 대처하기 위해 부랴부랴 건물을 짓느라 필요한 안전장치를 미처 갖추지 못한 것이 이유라면 이유다. 하지만 다행히도 요즘 짓는 건물들은 그렇지 않은 듯, 다 콘센트 덮개가 종종 보인다.

마지막 선택을 흔드는 말들

유감스럽게도 한국은 자살률 1위를 기록하는 나라로, 노인들은 자신을 쓸모없고 짐스러운 존재로 여기고, 청년들은 과도한 경쟁에 짓눌려 있다. 스스로 목숨을 끊는 법을 알려주는 사이트가 만여 개에 달한다. 한강을 가로지르는 여러 개의 다리는 이 같은 시도에 성공한 자들의 수로 유명해졌다. 이로 인해 난간을 높이는 등 안전조치가 강화되면서 올라가는 것 자체가 힘들어졌다. 당국에서는 다리에 센서를 설치하는 등 갖은 방법을 동원해 투신을 막으려고 하는데, 난간에 바짝 다가가면 경고 메시지가 울리는 식이다.

그뿐만이 아니다. 일상의 행복이 담긴 사진을 여러 장 붙여놓고 절망에 가득 찬 이에게 삶은 암울하기만 하지 않다는 사실을 최대한 상기시키고자 한다. 동시에 경보장치를 통해 가장 가까운 경찰서에 정보가 전달되어 신속한 출동이 이루어진다. 교량마다 CCTV가 설치되어 실시간 모니터링도 가능하다. 하지만 별의별 방법을 다 써도 소용이 없는 듯한데, 자살자 수가 줄어들지 않기 때문이다.

옆 나라 일본에서도 어떻게든 이러한 시도를 저지하려고 했지만, 결과는 마찬가지였다. 일본인들은 여러 곳 중에서도 특히 후지산 기슭에 있는 아오키가하라青木ヶ原 숲이나 '도진보東尋坊'라는 바위를 찾는다. 가보지는 못했지만 들은 바에 따르면 이 유명한 절벽에는 한국처럼 극단적 선택을 만류하는 글귀 말고도 팻말 같은 게 붙어 있는데, 이곳을 찾아온 이에게 스스로 목숨을 끊기 전에 혹시 하드디스크를 포맷하거나 '히스토리'를 삭제하는 걸 잊어버리지는 않았는지

물어보는 질문이 적혀 있다고 한다. 머릿속에 오직 한 가지 생각밖에 없는 이의 주의를 딴 데로 돌리려는 의도로, 몇몇은 하드디스크를 포맷하러 발걸음을 돌리지만 그러고는 또 다시 찾아온다는 게 맹점盲點이라면 맹점이다.

귀엽기도 해라

서구의 여러 나라와 마찬가지로 한국에서도 반려동물은 중요한 위치를 차지하고 있다. 반려묘의 경우, 고양이 카페가 더러 보이긴 해도 아직 서양처럼 두 집 건너 한 집꼴로 키우는 것 같지는 않다(젊은 층이나 1인 가구에서는 점점 증가하는 듯하다).

하지만 반려견, 그중에서도 소형견의 인기는 상당하다. 새하얀 털을 울긋불긋하게 물들이고, 자그마한 몸통에 스웨터를 입히고, 앙증맞은 네 발에도 양말을 신긴다. 목에는 알록달록한 장식을 둘러주고 온갖 장난감을 다 사준다. 우리 강아지를 감싸주고 돋보이게 하려는 기발한 아이디어가 넘쳐난다.

유모차에 반려견을 태우고 다니는 사람도 있다. 비 오는 날은 덮개를 씌울 수 있는 옛날 마차 같은 반려견 전용 차량이다. 견주는 대개 여성인데, 다양한 연령대의 보호자가 눈에 넣어도 안 아플 '우리 애기'를 동네방네 데리고 다닌다. 물론 많이 아프거나 늙어서 제대로 못 걸어다니는 경우라면 이해가 가고도 남는다. 하지만 그게 아니라면 온종일 아파트 안에 갇혀 지내는데 그때만이라도 흙을 밟고 실컷 돌아다니게 해주는 건 어떨까?

유모차에 탄 멍멍이(요샛말로 '댕댕이'라고 한다. 한글은 참 신기하고 재미있다)한테 다가가 그 해맑은 눈동자를 들여다보았다. 하지만 이 네 발 달린 사랑스러운 털복숭이는 낯선 이를 그저 멀뚱멀뚱 바라보기만 할 뿐 머쓱하거나 거북한 기색은 눈곱만치도 없는 듯했다.

노래방 없이는 못 사는 민족

이 나라 사정에 밝지 않은 독자를 위해 밝혀두자면 한국인들은 노래방 없이는 못 사는 민족이다. 이들은 대체로 목소리가 좋은데, 빼어난 바리톤이셨던 내 장인어른만 봐도 알 수 있다. 따라서 당신의 목청을 테스트하면서 한 곡 뽑고 싶다면, 또는 한국 친구들한테 억지로 끌려가서라도 결국은 이 노래방이라는 곳에 발을 들일 수밖에 없다.

이곳은 여러 개의 '방'이 있는 비교적 널찍한 장소로, 계산을 먼저하고 방을 고른다. 방 안에는 테이블과 긴 의자가 당신을 기다리고 있다. 저 끝에는 커다란 화면이 보인다. 테이블 위에는 마이크 몇 개와 코팅지를 묶어놓은 앨범 같은 것이 두세 권 놓여 있는데, 옛날 노래부터 최신곡까지 빠짐없이 수록되어 있다. 선곡을 하고 나면 화면에 당신이 부를 노래의 가사가 한 줄 한 줄 지나간다. 영어는 기본이고 일본어, 중국어, 프랑스어 등 여러 나라말로 노래할 수 있다. 한글을 갓 뗀 외국인의 경우 한국어 읽기 연습 시간으로 활용할 만한데, 공부를 제대로 하려면 속사포처럼 쏟아내는 랩이나 몇 옥타브를 넘나드는 록 음악보다는 눈물을 쥐어짜는 구슬픈 사랑 노래를 추천한다. 여럿이서 마이크를 주거니 받거니 하면서 번갈아 부르면 더욱 흥이 난다.

어쨌든 노래방은 젖 먹던 힘까지 짜내 목청을 뽐내기에 안성맞춤인 장소다. 테너든 카운터테너든 음치든 박치든 아무도 뭐라 하지 않는다. 몇몇은 목에 핏대를 세우며 일생일대의 경연을 벌이지만, 숫기 없는 이들은 새로 사지도 않은 제 신발만 뚫어져라 쳐다본다. 처음에 쑥스러워하다가 금세 분위기에 젖어 들어 신나게 열창을 하는 이들도 있는 반면, 다른 사람들, 특히 외국인들은 화면에 시선을 고정한 채 떠듬떠듬 가사를 따라 읽기도 바쁘다. 이 나라에서는 당연히 어디서든 먹고 마시는 것이 빠지지 않는데, 여기서도 술기운에 취해 옆자리에 앉은 친구의 고막을 괴롭히는 불상사가 없도록 유의해야 한다.

소음 천국의 나라

대도시가 다들 그렇듯 서울도 시끌벅적하다. 가게마다 음악을 쏟아내고, 오만 가지 물건을 다 파는 상인들이 목청 높여 손님을 부른다. 마이크를 들고 "예수 천국 불신 지옥"을 사방에 외쳐대는 이들은 오늘도 출근 도장을 찍었다. 어디 그뿐인가. 시청 광장에서는 대규모 콘서트가 벌어지고, 자동차들은 서로 질세라 경적을 빽빽 울려댄다. 거리의 인파를 피해 식당에 들어가도 여기저기서 부어라 마셔라 하면서 왁자지껄 떠들어대는 소리에 귀가 다 먹먹할 지경이다.

한국사람한테 마이크를 주면 얼씨구나 하고 받아 들 것

이다. 아직 동도 트지 않았는데 온갖 구호를 외치며 시위하는 이들과 함께 서울의 하루가 시작된다. 벌써부터 지직거리는 앰프 소리까지 더해진다. 아직 모닝커피도 마시지 않았는데 몇 분 동안 집회 주동자의 열띤 고함을 견뎌야 한다. 한 시간 뒤 시위대가 행진을 시작하면 당신은 비로소 고통에서 벗어나 이 나라의 '고요한 아침'을 맞이할 수 있다.

어느 아침의 일이다. 동대문을 지나는 길이었는데, 이른 아침부터 연세를 제법 드신 한 아주머니가 마이크를 쥐고 대로를 따라 걸으면서 복음을 전하고 있었다. 덩실덩실 춤을 추며 신나게 찬송가를 부르는 모습에 두 눈이 휘둥그레져서 쳐다보는 이들도 있었지만, 대부분은 신경도 쓰지 않고 제 갈 길을 갔다. 외국인 몇몇만 킥킥대면서 아주머니의 몸짓을 흉내 내고 있었다. 비록 한순간이었지만 불신자들의 마음이 움직였다고 굳게 확신한 듯한 아주머니의 표정은 이미 하늘나라에 가 있는 듯했다.

시끄러움을 참는 데 천하무적인 사람들

카페나 식당에 가면 옆 테이블 사람들이 남녀노소 불문하고 왁자지껄하게 웃고 떠드는 통에 상대방 목소리가 잘 안 들려 한 말을 하고 또 해야 할 때가 많다. 어디 그뿐인가. 갓난아이가 빽빽 울어대고, 꼬맹이가 우당탕거리며 여기저기 들쑤시고 다니는데도 난감한 부모는 딴청을 피우기만 한다.

그런데 참으로 놀랍게도 다른 손님들은 이들을 힐끔힐끔 쳐다보기는 해도, 썩 나무라는 듯한 눈빛은 아니고, 조용히 하라고 말하는 일은 더더욱 없다. 실제로 이십 년째 한국에 드나들면서 나는 딱 한 번밖에 보지 못했다. 한 아주머니가 자리에서 일어나 계속 시끄럽게 구는 옆자리 사람들한테 목소리 좀 낮춰달라고 한마디 한 것이다. 그게 전부다.

　나로서는 이 같은 집단적인 참을성이 그저 놀라울 따름이다. '빨리빨리'의 신봉자인 한국사람들이 어떻게 이런 불굴의 인내심을 보이는지 신기하기만 하다. 신속함은 참을성과는 정반대의 자질에서 비롯된 반응일 텐데 말이다. 잘은 모르겠지만 넓게 보면 타인도 나와 같은 집단, 같은 문화에 속하는 만큼 남한테 뭐라고 하는 게 결국 '제 얼굴에 침 뱉기'나 다름이 없어 그렇지 않나 싶다. 누가 뭐래도 한국인의 참을성은 천하무적이다.

더 높이, 더 빨리, 더 많이!

한국에 자주 드나드는 사람들이라면 이미 알아차렸겠지만,

이 나라 사람들은 해마다 무럭무럭 자라고 있다. 오늘날 한국

남성 평균 키는 175센티미터이고 몸무게는 74.7킬로그램에

체질량지수는 24.4이다. 여성은 163센티미터에 61킬로그램,

체질량지수 24.1이다.[9] 20세기 초 142센티미터였던 여성 평

균 신장이 한 세기 만에 20센티 넘게 쑥 자란 것이다.

　　물론 전 세계적으로 신장과 체중이 증가했는데, 식생활

개선뿐 아니라 영양 공급이 충분히 이루어지는 나라의 경우,

매끼 섭취하는 칼로리양이 늘어난 것이 주된 이유라 할 만하다.

수치를 떠나서 번화가를 돌아다니기만 해도 남녀를 불문하고 젊은 한국인들이 이전 세대에 비해 기골이 장대하다는 것을 확인할 수 있다. 한데 나처럼 삐딱한 사람이 보기에는 도무지 만족할 줄 모르는 세상의 등쌀에 밀려 그렇게 된 것 같기도 하다. 이 사회는 언제나 더 높이 올라가고, 더 빨리 달려가고, 더 많이 가지라고 쉴 새 없이 부추기기 때문이다.

난방은 아낌없이

최근 한국 정부는 실내 온도가 20도를 넘지 않아야 한다는 지침을 정했다. 프랑스의 권장 온도는 18도로, 추위가 비교적 짧고 심하지 않은 나라라서 그렇다.

2011년 12월 30일 오전 9시 30분, 서울은 영하 9도였다. 한국사람은 추위를 별로 안 타는 걸까? 눈이 제법 쌓이고 공기가 싸늘했지만 거리에 사람들이 돌아다녔다. 바람만 잠잠하면 영하 10도도 그런대로 견딜 만하다. 하지만 '칼바람'(말 그대로 살갗을 벨 것처럼 날카로운 바람을 뜻한다)이 불면 사정이 완전히 달라진다.

시청 앞을 지나던 어느 날이 생각난다. 매서운 강풍이 휘몰아쳐 눈발이 가로로 날리다시피 했다. 그런데 다들 우산도 없이 다니고 있었다. 외투만으로 충분한 듯했다. 발등까지 닿는 긴 외투도 아니고, 짤막한 반코트 차림이 대다수였다. 북슬북슬한 털코트나 귀덮개가 달린 샤프카 모자(그래봤자 1월 초이기는 했다), 에스키모인들의 벙어리장갑(요즘은 '손모아장갑'이라고 하는 것 같다)으로 중무장한 사람은 눈 씻고 봐도 없었다. 특히 젊은이들의 모습은 프랑스와 별반 다르지 않았는데, 멋 부리다 얼어 죽을 차림에 얼굴은 새파랗게 질려 있었다.

하지만 아직 동장군이 들이닥치지 않았는데도 실내는 이미 만반의 준비를 마친 태세였다. 한국의 아파트는 난방이 과해도 보통 과한 게 아닌데, 추위를 많이 타는 사람한테는 그야말로 천국이다. 그래서 겨울에도 삐질삐질 땀이 난다. 여름에만 땀을 흘리는 게 아니란 소리다. 세상에 낭비도 이런 낭비가 없다. 한겨울에도 창문을 열어놓아야 할 정도이니 말이다. 아마도 그런 식으로 중앙난방을 조절하는 게 아닌가 싶다. 자동차도 다르지 않다. 서울사람들은 히터를 최대로 틀어놓고서도 패딩을 껴입고 있는 일이 허다하다. 시내를 주행하는 여러 종류의 택시도, 모범 택시든 일반 택시든 덥기는 피차일반이다. 가끔씩 창을 내려 찬바람이 들어오게 하지 않으면 숨이 컥컥 막힌다.

다음 신호등이 나오자마자 곧바로 뛰쳐나오고 싶었던 택시가 생각난다. 실내 온도가 무려 32도였다. 처음에는 온도계가 고장난 줄 알았다. 그중에서도 압권은 어느 접수 담당 직원이었다. 보통 유니폼이나 양복 차림일 때가 많은데, 난방을 후끈후끈하게 틀어놓은 사무실에서 두꺼운 코트를 벗지도 않고 털모자까지 뒤집어쓰고 있었다. 그런 까닭에 나처럼 잠시 들른 방문객인 줄 알고 볼 일도 못 보고 그냥 와버릴 뻔했다.

이처럼 식당이든 상점이든 교회든 건물을 막론하고 실

내와 바깥은 딴 세상이다. 이 같은 온도 차로 인해 밖에 있다가 실내에 들어가면 더워서 속이 메슥거릴 지경이다. 바깥의 추위는 건조하고 그런대로 참을 만하지만, 상점 같은 곳에 들어가면 몇 초 만에 벌써 이마가 축축하다. 그러다 밖으로 나오면 언제 그랬느냐는 듯 땀방울이 바짝 말라 있다.

대륙성 기후를 띠는 이 나라(하지만 기후 온난화의 영향으로 점차 아열대성 기후로 변하는 것 같다)에서 이처럼 난방을 중시하는 태도는 조상 대대로 내려온 관습으로 보인다. 옛날에는 추위가 훨씬 더 혹독했는데, 한지로 창을 바르고 짚이나 억새로 지붕을 인 초가집은 바람을 막아주고 온기를 저장하기에 적합하지 못했다. 그 같은 이유로 아궁이 불을 꺼뜨릴세라 노심초사하고 방을 냉골로 만들지 않으려고 갖은 애를 썼다. 이처럼 온돌은 오래전부터 존재한 난방 시스템으로, 현대식 아파트에서도 볼 수 있다. 전통 가옥뿐 아니라 도시의 공동주택에서도 한국인들은 전보다는 덜 하지만 바닥에서 생활

하기를 좋아한다. 예전에는 방바닥에 직접 매트리스와 비슷한 '요'를 깔고 자고, 밥을 먹을 때도 양반이 소반을 받아 식사한 것처럼 방으로 상을 들였다. 지금은 침대에서 자고 식탁에서 밥을 먹는 게 일반적이지만, 요즘 사람들도 바닥에 앉거나 드러누워 책을 읽고 텔레비전을 보는 걸 여전히 즐긴다.

한옥에서는 방바닥에 찬 물병을 두고 따뜻하게 데우기도 한다. 과거에는 손님이 오면 방에서 제일 뜨끈한 '아랫목'을 내주었다. 이 같은 난방 시스템으로는 바닥에 골고루 온기가 미치지 않아 썰렁한 '윗목'과 따뜻한 '아랫목'이 나뉠 수밖에 없었던 것이다.

땀 흘리는 건 질색인 한국사람

한국의 여름은 무덥고 최대 기온은 30도에서 35도 사이로, 기온은 남프랑스보다 높지 않아 그럭저럭 견딜 만하지만, 때때로 습도가 90프로에 달해 전국이 거대한 찜통으로 변해버린다. 땀이 줄줄 흐르고 손 하나 까딱하기 싫을 만큼 만사가 귀찮아진다. 몇 미터만 걸어도 땀범벅이 되기 일쑤다. 땀이 한 방울도 안 나는 체질이든, 비 오듯 줄줄 흐르는 체질이든 다르지 않다. 외국인이든 한국사람이든 괴롭기는 매한가지다.

보통 한국인들은 땀이 많지 않아서 땀흘리는 사람을 보면 오히려 놀라울 정도다. 남들은 아무렇지도 않은데 유독 저

사람만 왜 땀을 뻘뻘 흘리는지가 궁금해지는 것이다. 한의학적으로 '다한증', 그러니까 '땀 과다증'에는 여러 원인이 있는데, 두 단어로 요약하자면 '음양의 불균형' 때문이라고 한다.

그러다 가게만 들어가도 강풍으로 틀어놓은 에어컨 바람에 움찔하면서 온몸이 부르르 떨린다. 그런 탓에 한여름에 개도 안 걸린다는 감기 환자가 발에 챌 만큼 많고, 이비인후과 대기실은 늘 북새통이다. 땀을 흘리느니 코를 흘리는 편을 택하는 것이다.

서울 어느 성당의 성탄 미사 풍경

한 나라의 일상적인 특징은 관습으로 굳어져 더 이상 주의를 기울이지 않거나 지구촌 어디서나 정해진 형식에 따라 수행하는 행위에서도 드러날 수 있다.

가톨릭교의 성탄절 미사도 그 한 예가 될 만하다. 한국에서도 19세기 말 기독교가 들어온 이래로 전례가 정착되어 세부 사항까지 규정에 따르는 듯하다. 하지만 이 같은 상황에서도 현지에 맞게 변형이 될 수 있고, 더 나아가 고유의 문화적 특징이 나타나기도 한다.

'교회'라고 하면 유럽사람들은 수백 년 전에 지은 건물을 떠올린다. 그리고 이런 건물은 서양 건축사에서 양식별로 분류가 가능한 경우가 많다. 하지만 한국은 그렇지 않다. 기독교가 전파된 지 얼마 되지 않아 한국 전통 양식으로 세운 교회를 보기도 어렵거니와 초창기부터 배척을 당하면서 조선 말기에 이어 일제강점기까지 박해가 이어졌기 때문이다. 한국전쟁으로 인해 수많은 건물이 잿더미가 되고, 그 이후 급속도로 건설이 이루어진 것도 이유가 될 수 있다. 그렇게 해서 몇몇 경우를 제외하고는 가령 프랑스처럼 종교 건축 유산이 남아 있지 않다.

여기서 나는 어느 성당의 예를 들어보려고 한다. 서울의 주요 상권 중 하나인 동대문에 위치한 성당이다. 이곳에서 멀지 않은 곳에 개신교 교회가 있는데, 이 나라에서 여러 종교가 사이좋게 어울려 지낸다는 증표라고도 할 만하다. 꼭대기에 커다란 십자가를 달아놓은 것 말고는 성당이나 주위 건물이나 별반 다르지 않다. 주임 사제 사택이 따로 없고 여느 건물처럼 지붕이 평평한데, 신부님도 여기 사신다. 유럽처럼 성당 앞에 탁 트인 광장도 보이지 않고 넓은 공터뿐이다. 방금 청소년부 미사가 끝났는지 중고등학생으로 보이는 아이들이 신나게 뛰어다닌다. 여느 나라 청소년들과 똑같은 차림, 그러니까 합성섬유로 만든 점퍼에 찢어진 청바지를 입고 손에는 스마트폰을 들고 있다. 이들은 모임과 회식 용도로 마련된 널찍한 공간으로 가서 간단한 식사를 하고는 웃고 떠들고 소리지르면서 헤어지고, 이어서 어린아이를 품에 안은 부모들이 1, 2층에 자리 잡은 성당으로 들어온다. 2층은 옛날 영화관처럼 은밀한 이야기가 펼쳐질 듯한 발코니 구조다.

　　1층에는 뜻밖에도 유리로 된 케이지 같은 공간이 있다. 여섯 평쯤 되는 네모난 공간에 신발을 벗고 들어간 부모는 바닥에 앉아서 아이를 돌본다. 여기서 아기들은 빽빽거리면서 울어도 되는데, 방음 시공이 되어 있기 때문이다. 엄마, 아빠들은 여기저기 기어다니는 돌배기의 뒤꽁무니를 쫓아다니거나 색색의 블록을 아슬아슬하게 쌓아 올리는 꼬맹이를 지켜보고, 젖병을 물고서도 흥얼거리거나 칭얼대는 갓난쟁이들을 다독이느라 바쁘다. 과연 미사를 드릴 정신이나 있을까 싶다. 축구 경기처럼 절체절명의 순간을 위해 교체 선수만 투입될 수 있을 뿐이다. 부산스러운 어린애들 때문에 부모는 몸뚱이만 여기에 있지 거의 넋 나간 상태다. 예수께서 자신을 따르는 이들을 위해 당신의 몸을 내어주신 것처럼 오늘날의 제자 역시 이렇게라도 제 몸을 바치려는 건지도 모르겠다. 여하튼 이 공간 덕분에 다른 신도들을 방해하지 않고 어린애를 데려온 부모도 미사에 함께할 수 있다.

미사 중간중간에 수시로 성가를 부르는 것도 인상적이다. 제단 뒤에 설치된 전광판에는 지금 부르는 번호뿐 아니라 미사 순서가 차례대로 나온다.

오늘의 미사는 서른 명가량의 신자들이 세례를 받는 특별한 시간이기도 하다. 짙은 색 양복에 넥타이를 맨 남신도들과 고운 한복을 입고 하늘하늘한 레이스 미사포를 쓴 여신도들이 세례를 받는다. 한 명 한 명 이름이 불리면서 박수가 쏟아진다. 미사 중에 봉헌이 이루어지고, 각기 다른 색깔의 봉투에 넣은 헌금을, 그러니까 성당 운영을 위한 교무금과 미사 집전을 위한 주일 헌금을 따로 준비해서 봉투 두 개씩을 낸다. 성물을 바치거나 헌금을 드릴 때는(점점 후자로 가는 추세인 것 같다) 오른손이 하는 일을 왼손이 모르게, 한마디로 은밀하게 해야 한다. 등나무로 짠 바구니를 돌리는 복사服事 없이 신도들이 앞으로 나와서 봉헌함에 예물을 넣는다. 아이들은 제자리에 가만히 못 있고 정신없이 돌아다니면서 엄마, 아빠의 휴대폰을 가지고 놀고, 어른들은 청바지 차림으로 미사를 올린다. 이렇게 느슨하고 자유로운 분위기는 절에서도 본 적이 있다. 미사가 끝나고 신도들은 마당으로 가서 무료로 제공하는 어묵과 떡으로 요기를 하는데, 과연 먹는 것으로 시작해 먹는 것으로 끝나는 이 나라다운 모습이다.

한국 공무원은
국민의 진정한 심부름꾼?

주민의 행복을 책임진다는 동사무소나 구청이 정작 민원인 한 사람 한 사람의 목소리에는 귀 기울여주지 않는다며 못마 땅해하는 이들이 이 일화를 들으면 불평이 쏙 들어갈지도 모 르겠다.

지난 정부에서 거국적으로 전기 절감을 결정했다. 그 한 예로 겨울철 난방 온도를 2도 낮추기로 한 정책을 들 수 있다. 연세가 지긋이 드신 내 처삼촌은 보행이 편치 않으셨 다. 지하철에서 내린 삼촌은 그날도 어김없이 에스컬레이터 쪽으로 걸음을 옮기셨다. 그런데 아뿔싸, 가는 날이 장날이라고 그날따라 '이코노미 오블리주economy oblige', 쉽게 말해 나랏돈을 아낀다고 에스컬레이터를 정지시킨 것이다. 하지만 삼촌은 아랑곳하지 않는 듯 주머니에서 휴대폰을 꺼내더니 어떤 번호를 꾹꾹 눌렀다. 잠시 후 통화가 연결되기가 무섭게 삼촌은 하소연을 늘어놓았고, 급기야는 버럭 호통이라도 칠 기세였다. 한데 이게 웬일인가! 바로 그때 마법이라도 부린 듯 에스컬레이터가 스르르 움직이기 시작한 것이다. 주민 한 분 한 분의 복지를 절대 소홀히 하지 않는 구청 직원의 지극한 마음이 멈춰 놓은 계단마저 움직이게 만든 것이다.

한국인들의 공동체 의식에 '공무원은 국민의 심부름꾼'이라는 암묵적인 인식까지 더해져 숙부님은 그날 지상으로 무사하게 올라올 수 있었다.

한국에 온 외국인들은
왜 서로 시선을 피할까

오늘날 한국은 전 세계를 대상으로 국가 홍보에 전력을 다하고 있고 새로운 시장을 개척하기 위해 외국인 관광객을 적극적으로 유치하기 시작했다. 코로나바이러스 이전에는 천 7백만 명가량의 관광객이 한국을 다녀갔는데, 당시 정부의 목표는 3천만 명이었다. 참고로, 2000년에 이 나라를 찾은 외국인 관광객은 5백만 명에 불과했다. 현재 외국인 관광객 중 가장 많은 수가 중국인이나 일본인으로, 대개 부유한 편이며 명동이나 동대문 같은 글로벌화된 거리를 거의 점령하다시피 한 상황이다.

서양에서 온 관광객은 해마다 늘어나는 추세이기는 해도 아직 주류는 아니다. 물론 서양인들이 제법 눈에 띄는 동네가 있긴 하다. 프랑스인들이 주로 모여 사는 서래마을이나 서양사람들이 즐겨 찾는 홍대, 또는 인사동 같은 전통 거리, 여기가 한국인가 싶을 만큼 미국 느낌이 나는 이태원 같은 곳이 이에 해당한다.

　　상냥한 아르바이트생들이 일본어나 중국어로 손님을 부르는 명동 같은 거리는 매력이 덜하다. 하지만 인사동의 경우, 여기에 끼워넣기는 다소 애매한 점이 있다. 어디를 가나 똑같은 물건만 파는 기념품 가게들 탓에 관광객밖에 보이지 않는 것 같아도 골목으로 들어가면 전통 가옥이 즐비하기 때문이다. 이곳의 한옥은 대개 식당이다. 한국을 사랑하는 이라면 고즈넉한 서촌이나 사람 사는 냄새가 나는 신월동 같은 동네를 거닐거나 혜화동이나 신림동처럼 활기찬 대학가를 찾을 것이다.

그런데 이런 곳에서 가끔 서양인 관광객과 마주칠 때가 있다. 외국에서 제 나라 사람을 만나면 알아보고 인사를 건네는 경우가 많고, 자국에서 더 먼 곳일수록 더 반가워하는 경향이 있다. 그런데 희한하게도 한국에서는 서양사람들이 서로 눈을 피하고, 행여 시선이 마주치면 부리나케 딴 데로 돌린다. 모르는 체하는 게 피차에 편한 것이다. 비행기를 타고 수만 킬로미터를 날아와 기껏 만난 이가 같은 나라 사람이라 기운이 빠지는 걸까? 아니면 자기 말고 또 누가 여기 올 생각을 했다는 게 못마땅한 걸까? 설마 다른 여행자를 아시아의 풍경을 깨뜨리는 "옥에 티"쯤으로 치부하는 건 아니리라 믿고 싶다. 자신만 이 근사한 나라를 누빌 자격이 있다고 생각한다면 꿈 깨라고 말해주고 싶다.

덮어놓고 사과부터 하는 한국사람

한국사람들은 잘못을 하면 무조건 사과해야 한다고 생각한다. 옛날에는 사소한 잘못을 해도 무릎을 꿇고 엎드린 후 머리 위로 두 손을 모아 싹싹 빌며 용서를 빌었다. 웃기려고 일부러 그러는 게 아니라면 이제는 더 이상 이러지 않는다. 부모가 아이들한테 이처럼 용서를 비는 법을 가르쳐도 나중에는 다 까먹는다. 또 인사할 때처럼 몸을 숙이기도 하는데, 그 정도는 잘못의 크기에 비례한다고 할 수 있다. 허리를 많이 구부릴수록(정수리가 보일 만큼) 중대한 잘못을 한 것으로, 사과의 형식으로 과오의 정도를 표현하는 것이다.

사과의 궁극적인 형태인 무릎을 꿇는 행위는 크게 두 가지 모습으로 나타나는데, 잘못한 사람이 계속 무릎을 꿇고 있는 것과, 특히 옛날에 그러던 것처럼 무릎을 꿇은 채 땅바닥에 이마를 대고 있는 것이다. 한국 드라마에는 잘못을 저지른 사람이 용서를 비는 장면이 종종 나온다. 현장에서 딱 걸린 정치인도, 건설 관련 비리가 발각된 기업가도, 팬들을 실망 시킨 스타도 제발 한 번만 봐달라고 싹싹 빈다.

용서를 구하는 사람의 진정성은 바보가 아닌 이상 아무도 믿지 않겠지만 어쨌든 체면은 살릴 수 있다. 과오를 범하면 사적인 영역에서든 공적인 영역에서든 사과는 불가피하다. 여기에는 유교 전통도 한몫한다. 사과를 미루는 것은 큰 실수로, 설령 진심이 아니더라도 덮어놓고 용서부터 빌어야 한다. 그게 핵심이다. 매우 심각한 경우, 가령 범죄에 상응할 정도의 부정不正일 때는 대국민 사과를 해도 소추를 면할 수 없고, 때로는 징역형이 부과된다.

점방 주인의 낮잠 풍경

서울에서는 아직 본 적이 없지만, 시골에 가면 불을 다 꺼놓고 문을 활짝 열어놓은 가게 앞을 지날 때가 있다. 들여다보면 한편에 쪽방이나 방바닥 같은 공간이 있는데, 대충 펴놓은 자리 위에서 주인이 낮잠을 자고 있는 경우가 많다. 그럴 때는 당황하지 말고 그냥 가서 깨우면 된다. 주인장은 아무렇지도 않게 벌떡 일어나 손님을 맞이할 테고, 손님이 가면 다시 불을 끄고 드러누울 테니 말이다.

직원이 도대체 몇 명이야?

한국에 온 외국인은 어디를 가든 일하는 사람이 수두룩하다는 사실에 두 눈이 휘둥그레지곤 한다. 응대를 담당하는 여러 명의 직원을 보면 내심 든든하기도 하다. 그런 의미에서 이 나라의 실업률이 상대적으로 낮다는 것도 놀랍지 않다. 하지만 완전 고용의 그림자로, 특히 청년층의 저임금과 고용 불안 문제가 심각하다.

　몇 년 전 일이 기억난다. 어느 식당에 갔는데 입구에 들어서자마자 응대를 맡은 직원이 다가와 나를 맞이하면서 다른 사람한테 데려다주었고, 홀까지 안내하는 일을 담당하는 이 직원은 테이블까지 데려다주는 또 다른 사람과 업무를 교대했다. 호텔도 비슷한데, 고객이 지나갈 때 인사하는 일만 전담하는 직원도 있다. 슈퍼에 가도 코너마다 서너 명의 점원이 앞다투어 손님을 맞이하고 안내하는 모습을 볼 수 있는데, 식품 코너는 특히 더 그렇다. 프랑스 슈퍼에 익숙한 사람이라면 도대체 누가 담당 직원인지 몰라 어리둥절할 것이다. 한국에서 단골이 된 안경점이 있는데, 그곳도 마찬가지다. 몇 평 안 되는 매장에 안경사를 포함한 직원이 여섯 명이나 있다. 번화가의 약국에 가도 안내 데스크에서 열두어 명이 당신을 기다린다. 대학교도 다르지 않다. 건물마다 제복을 입은 경비원이 그 자리에서 먹고 자며 밤낮으로 지키고 있다.

내가 한국에 처음 와서 가장 놀란 점도 가게마다 점원이 수두룩하다는 것이었다. 예나 지금이나 종로3가는 귀금속 전문 상가로 유명한데, 오래전 우리 부부도 결혼반지를 맞추러 그곳을 찾은 적이 있다. 당시 매장에 있는 직원 수를 세어 보니 스무 명가량이었는데, 코너마다 두 명꼴이었다.

다들 하나같이 손님이 오면 자리에 앉으라고 하고, 진열장을

구경하는 동안 마실 것을 대접하고 있었다. 나중에 반지를 세

척하러 매장을 다시 찾았을 때도 마찬가지였다. 변함없이 친

절하게 맞이하면서 계절에 따라 시원하거나 따뜻한 음료를

내주었고 변색된 반지를 새것처럼 반짝반짝 윤이 나게 만들

어 주고서도 십 원 한푼 받지 않았으니 말이다.

사실 이런 예는 부지기수다. 국가의 주도로 빠르게 산업

화가 이루어지면서 속도를 최우선시하게 되었고, 그 여파가

오늘날까지 이어지는 분위기다. 이 나라 사람들은 기다리는

것을 질색한다. 이들의 '빨리빨리'는 무엇을 상상해도 그 이

상이고, 일일이 예를 드는 게 불가능할 정도다. 어쩌면 이 같

은 한국인들의 참을성 부족에 저임금까지 더해져 신속한 서

비스가 가능해진 걸지도 모른다. 식당이든 가게든 회사든 어

디서나 직원이 많다는 것은 서비스의 질과 거의 직결되는 것

으로, 대기 시간이 줄어들고 양질의 서비스를 받을 수 있다는 보증이 된다. 실제로 한국 서비스의 품질은 자타공인 세계 최고다. 아침 여덟 시부터 상담 전화에 연결되고, 아홉 시면 수리 기사가 집으로 찾아온다. 물론 이 같은 고용 구조는 노동자를 희생시키는 서비스와 채용 방식을 조장하는 부분이 적잖다. 임시 계약이 다수인 데다, 실업률은 3프로 수준이라도 8백만 노동 인구가 고용 불안정은 물론이고, 먹고 살기 위해 이른바 '투잡' '쓰리잡'을 병행해야만 하는 상황에 처해 있기 때문이다('n잡러'라는 말까지 유행할 정도니 말 다 했다). 퇴직금이나 노령 연금만으로는 생활이 어려워 돈벌이가 되는 일자리를 찾아 나설 수밖에 없게 된 노년층은 차치하고서라도 말이다.

한국의 낮은 실업률 뒤에는 이 모든 현실이 가려져 있다. 저임금과 취약한 사회 보장 제도, 그리고 무엇보다도 고객들에게 더 나은 서비스를 제공하고자 하는 의욕이 더해져 어디서나 일손이 남아도는 모습을 볼 수 있는 것이다.

한국사람들은 어떻게 일을 할까

예전에 한국인들은 일 중독으로 유명했다. 특히 1960년대 이후 들어 그랬다. 새벽부터 밤늦게까지 일하고 주말도 없었다. 하지만 유감스럽게도 한국의 노동 시간은 효율이 썩 높지 않은 것으로 알려져 있는데(프랑스와 비교하면 그렇다는 말이다), 이 근무 시간이 하루 열 시간, 아니 열두 시간까지 늘어날 뻔했다. 현 대통령이 주당 120시간을 언급한 것이다.

하지만 한국 청년들의 노동 개념은 과거와 많이 달라졌다. 중장년층의 인식도 젊은 층과 별 차이가 없다. 상업시설과 공공기관도 이 같은 변화를 따르는 추세로, 오후 네 시면 은

행은 문을 닫고 토요일 오전에도 열지 않는다. 카페도 저녁 여덟 시면 슬슬 정리를 한다. 한 번은 그것도 모른 채 저녁을 먹고 느지막이 아홉 시 반쯤 갔더니 벌써 영업이 끝났다고 했다. 코로나바이러스 이후에는 노동에 대한 개념만큼이나 노동 시간에도 지각 변동이 일어난 것으로 보인다. 가장 그럴 것 같지 않은 나라에서 바로 그런 일이 벌어지고 있는 것이다!

주말에는 문을 닫는다

과거에 한국인들은 빨리 일할 뿐 아니라 밤늦게까지, 그리고 주말까지 많이 일했다. 그런데 이런 관습은 점점 사라지는 추세다. 물론 늦은 시간에도 환하게 불이 켜진 고층빌딩들이 보이지만, 오밤중에 가도 스쿠터를 살 수 있던 시절은 다 지나갔다(그렇게 갑자기 필요할 일이 과연 있을까 싶지만 말이다). 이제 은행은 오후 네 시면 문을 닫고 토요일은 휴무다. 카페에서도 저녁 여덟 시가 되면 슬슬 정리를 해야 한다고 친절하게 말해줄뿐더러 애초에 들어갈 때부터 문 닫는 시간을 알려준다. 이제 더 이상 설날이나 추석에 문을 연 가게나 식당을 기대해서는 안 된다.

참으로 다행스럽게도 한국사람들은 적당한 노동의 기쁨과 가족과 보내는 시간, 그리고 주말에 취미 생활을 하는 즐거움을 발견한 것 같다. 대통령은 주 120시간 근무도 못 할 게 없다고 했지만 가당찮은 소리였고, 결국 주 80시간 노동시간에서 53시간으로 줄어들었다. 프랑스의 35시간과 비교해도 나쁘지 않은 수치다. 하지만 노동 시간과 노동의 효율성이나 수익성이 비례하지만은 않는다는 사실을 잊지 말아야 한다. 프랑스의 경우, 유럽 최고는 아니라도 성과 면에서는 괜찮은 편이다. 유학생과 교민 상당수가 이 나라를 좋아하는 이유인데, 이른바 '워라밸'이 제법 높기 때문이다.

상술 이상의 감사 인사

외국에서 온 손님은 백화점 주차장을 나설 때 제복을 입은 남자나 여자가 고객의 차에다 대고 허리를 숙여 인사하는 모습에 사뭇 놀랄 것이다. 때때로 이 인사에는 무용 동작 같은 게 곁들여지는데, 매뉴얼에 적힌 대로 하는 건지, 아니면 그냥 서 있기가 어색해서 몸을 움직이는지는 모르겠다.

현대백화점에 갔을 때가 생각난다. 출구에서 유니폼 차림을 한 젊은 여성이 태극권을 방불케 하는 근사한 동작을 보여주었다. 나는 같이 간 사람들이 쇼핑을 마치고 나올 때까지 기다리면서 그 우아한 천상의 몸짓을 한참이나 바라보았다. 이런 인사를 할 때는 야광봉 같은 것을 흔들기도 하는데, 흡사 교통 정리라도 하는 듯하다. 한국에서 인사가 얼마나 중요한지 당연히 알면서도 썩 유용해 보이지 않는 이 같은 감사의 표시를 보면 의아할 때가 많다. 양손 가득 쇼핑백을 들고 나가는 손님한테 이렇게 인사라도 하지 않으면 발길을 뚝 끊을 것 같아서일까? 아니면 VIP 확보를 위한 마케팅 전략을 넘어서 고객들을 향한 백화점 측의 진심 어린 사의謝意를 보여주려는 걸까? 내가 보기에는 단순한 상술 이상으로 진정한 감사의 의미가 있는 것 같다. 회사라는 것은 고객 없이는 존재할 수 없기 때문이다. 그 당연한 진리를 종종 잊지만 말이다.

엘리베이터에서 왜
아무도 인사하지 않을까

세월이 흘러도 여전히 이해가 안 가는 점이 있는데, 바로 엘리베이터에서 아무도 인사를 하지 않고, 어쩌다 이 규칙을 어기고 인사를 건네도 누구 하나 받아주지 않는다는 것이다. 물론 이 같은 문화에 이내 적응되기는 한다. 하지만 프랑스에서 돌아가서 똑같이 하면 개념 없는 인간 취급을 받기 십상이다.

여하튼 한국에서 이런 상황이 거듭되다 보면 낯선 사람에게도 인사를 하는 게 예의이고, 적어도 인사를 받으면 자신도 인사하는 건 기본 중의 기본이 아니냐고 항변하고 싶을 때가 있다. 하지만 이것도 다 주제넘은 생각인 듯해 곧 단념

하고 만다.

　한데 옛날에는 이 나라 사람들도 다들 서로 인사를 하고 지낸 것 같다. 청학동에 갔을 때 바로 그런 모습을 보았다. 타임머신을 타고 과거로 돌아간 듯한 이 마을에서 주민들은 가다가도 멈춰서 외지인인 우리에게 인사를 건넸고, 멀리서도 알은척을 했다. 따라서 엘리베이터에서 당신의 인사를 받아주는 사람이 아무도 없다고 해서 서운해하거나 언짢아하지 않아도 된다. 하지만 쑥스러움을 많이 타는 데다 낯선 이한테까지 굳이 대꾸를 할 필요가 없다고 생각하는 요즘 한국 사람들 사이에서 문득 외딴섬이 된 느낌이 드는 건 어쩔 도리가 없다.

분리수거의 챔피언

한국은 1995년부터 분리수거를 대대적으로 시행하기 시작했다. 오늘날 폐기물의 분리수거율은 95프로에 달한다. 음식물 쓰레기의 경우 한국인 한 명이 1년에 배출하는 양은 130킬로그램 이상으로, 서양은 평균 100킬로다. 밤이 되면 식당 앞에 내놓은 노란색 비닐 봉투를 볼 수 있는데, 음식물, 그중에서도 특히 김치로 꽉 차 있기 일쑤다. 아파트 단지에서 분리배출은 색색의 컨테이너를 통해 이루어지고, 경비원이 지켜볼 때가 많다. 다양한 색깔의 쓰레기봉투는 슈퍼에서 살 수 있으며, 분리수거를 위해 마련된 용기에 넣으면 된다.

한 번은 서울대학교의 초청으로 교내 게스트하우스에 숙박한 적이 있는데, 내가 묵은 건물 지하에도 스무 대는 될 법한 컨테이너가 즐비하게 늘어서 있었다. 음식물 쓰레기부터 헌 운동화까지 각종 폐기물의 분리가 가능한 곳이었다.

　　서울시는 심지어 '스마트 수거함'까지 고안했다. 일반 쓰레기 종량제 봉투뿐 아니라 페트병, 우유 팩, 알루미늄 캔 등 다양한 재활용품에 적용되는 장치로, 경우에 따라 포인트까지 적립할 수 있다. 시내 전역 6천여 곳에 분리수거를 위한 '주택가 재활용 정거장'을 설치했으며, 개발을 가속화할 계획이라고 한다. 이는 물론 규율을 준수하는 한국인들의 성향 덕분에 가능한 일로, 이 나라 사람들은 웬만하면 하라는 대로 하는 편이기 때문이다.

꼭 필요한 것들을 파는 작은 가게

큼직큼직한 것을 지향하는 이 나라에서는 "작은 것이 아름답다"가 미덕으로 통하지 않는 것 같다. 당장 경차만 끌고 나가도 살짝 무시하는 분위기이니 말이다. 이 작은 나라의 거대한 인프라를 보면 늘 놀라울 뿐이다. 그런 한국에서도 '구멍가게'라는 말을 즐겨 사용한다. 말 그대로 구멍처럼 작은 가게라는 뜻이다. 오늘날 이 같은 가게는 찾아보기 힘들지만 구舊 도심이나 시골에는 아직 존재하는데, 진짜 비좁아서 두세 사람만 들어가도 꽉 찰 정도다.

여하튼 이 콧구멍만 한 가게는 대개 한 가지 물건만 파는데, 대형 매장에서는 더 이상 취급하지 않는 품목을 브랜드나 사이즈별로 갖추고 있는 경우가 많다. 이를테면 참빗이나 지퍼, 농작물 씨앗 같은 것들이다. 가격은 대체로 높지 않다. 이런 자잘한 것만 팔아서 어떻게 먹고 살까 싶으면서도 구멍가게에서 꼭 필요한 물건을 발견하면(요즘 말로 '득템'이라도 하면) 그보다 더 반가울 수가 없다.

어서 와!
한국 병원은 처음이지?

한국에서 '병원에 간다'라는 말은 의사의 진찰을 받으러 가는 행위를 뜻한다. 그런데 프랑스에서 이 말은 개인 의원에서는 진료할 수 없는 심각한 질환이 있는 경우를 가리키고, '병원'이라는 용어 역시 복합적이고 심층적인 진료가 이루어지는 의료기관만을 지칭한다. 물론 한국에도 프랑스 대도시의 병원과 어깨를 견줄 만한 대학병원과 종합병원이 수두룩한데, 모두 첨단의 의술과 편리를 갖춘 대형 의료기관이다. 하지만 간단한 진료만 하는 곳도 '병원'이라는 간판을 달고 있을 때가 많다. 따라서 한국에서는 감기만 걸려도 병원에 가는 게 전혀 이상하지 않다.

이렇게 병원이라고 이름 붙은 1차 의료기관에 가면 한 명 또는 여러 명의 직원이 안내 데스크에 앉아 있고, 눈 깜짝할 사이에 접수가 끝난다. 대기는 보통 몇 분 정도 걸리는데, 예약을 하지 않고 가도 별 차이가 없다. 여기서는 내과의 예를 들어보려고 한다. 한국사람들과 이 나라말을 어느 정도 할 줄 아는 외국인들은 다 알겠지만, '내과'라는 말은 '안'이라는 의미의 한자 '내内'와 학과나 전문 분야를 의미하는 '과科'가 결합된 단어다. 다시 말해 몸속을 연구하는 의학 분야를 가리키는 용어로, '외과'의 반대말이다. 이런 식으로 '안과', '소아과' 등이 존재한다.

어디서든 빵빵하게 틀어놓는 한국의 에어컨 덕분에 목감기가 단단히 걸려버렸다고 하자. 프랑스에서는 일단 신청서부터 기입해야 하는데, 다행히 한국은 '관료주의'라는 고질병에는 걸리지 않은 것 같다. 그냥 병원에 가서 대기자가 몇 명이든 좀 기다리기만 하면 된다(이 나라 사람들이 질색하는 것 중 하나가 시간 낭비다). 진료실에 들어서면 의사 선생이 "어디가 안 좋아서 오셨어요?"라고 친절하게 물어오지만, 자리에서 일어나 맞이하지는 않는다. 의사는 당신더러 옆에 있는 등받이 없는 작은 의자에 앉으라고 한다. 그렇게 의사도 환자도 앉은 채로 진찰이 이루어진다.

목감기나 코감기 같은 대수롭지 않은 질환이면 몇 초도 안 걸린다. 프로토콜에 따라 질문 몇 가지를 하고, 목구멍을 봐야 되니 혀를 내리라고 하고, 귓속에 체온계를 쑥 집어넣고, 경우에 따라서는 심장 뛰는 소리를 들어보려고 가슴에 청진기를 대보는 게 전부다. 옷을 벗고 말고 할 것도 없고, 진찰대에 가서 드러누울 필요도 없다. 진찰대가 아예 없는 진료실도 많고, 커튼 뒤에 가려져 있을 때가 대부분이라 심각한 경우에나 가서 누워볼 수 있다. 요컨대 시간 낭비할 필요가 없는 것이다. 그렇게 진찰은 몇 분 만에 끝난다. 중증이라면 의사는 충분히 뜸을 들이지만 대개 사소한 증상으로 병원을 드나들기 때문에 시간이 오래 걸리는 일은 드물다. 그런데 진료실을 둘러보면 별의별 의료기가 다 있을 때가 많다. 죄다 난생처음 보는 기기로, 용도가 알쏭달쏭하다.

한 번은 한의학과 대증 요법을 병행하는 치료로 유명한 병원에 간 적이 있다. 몸이 찌뿌드드하고 피로가 풀리지 않아 간 건데(서울에서는 숨만 쉬어도 피곤하다고 하지 않던가!) 이름 모를 검사를 연달아 하고는 정체가 의심스러운 기기에 두 손을 올려놓으라고 했다. 문어처럼 생긴 전도체를 떠받치고 있기도 했는데, 이 민머리 연체동물 역시 다른 요상한 괴물들과 연결되어 있었다. 그러다 마지막으로 진찰대에 가서 드러누웠다(불치병에 걸린 게 틀림없었다. 이 같은 진료 방식으로 이 병원이 널리 알려진 게 아니라면 말이다). 의사는 녹용 삼 주 치를 복용하면 낫는다고 했다. 150유로, 자그마치 23만 원이 들었으니 소위 '황제 치료'를 받은 셈이었다.

또 다른 예를 들어보겠다. 목감기가 좀처럼 낫지 않아 아예 이비인후과로 가는 경우다. 의사 앞에 놓인 등받이 없는 보조의자에 앉으려는데, 그러지 말고 위압적인 풍채를 뽐내는 '유니트 체어unit chair'에 올라타라고 한다. 장갑차나 우주선의 포탑을 방불케 하는 이 진료용 의자에는 흡입기뿐 아니라 당신의 꿈틀대는 장기를 감지하는 카메라며 다양한 분사기 등이 잔뜩 달려 있다. 이들 장비로 일련의 검사를 한 후 첫 번째 치료가 이루어지는데, 간호조무사가 진료실 구석으로 당신을 데려가 콧속과 입안에 적외선을 쬐어준다. 그 사이에 다음 환자가 진료실로 들어와 방금 당신이 앉았던 의자에 자리를 잡고 똑같은 과정을 거친다. 당신은 남의 속 애기를 엿듣는 재미가 쏠쏠하지만 차마 휘파람을 불지는 못하고 딴 데를 쳐다보는 척할 수밖에 없다.

안내 데스크로 돌아와 처방전을 받으려고 하는데 그전에 주사를 맞으라고 한다(한국사람들은 주사 한 방이면 고뿔이 낫는다고 철석같이 믿는다). 그때 바로 난데없이 간호사복을 입은 여성이 나타나 당신을 어떤 방으로 데려간다. 졸지에 당신은 엉덩이를 훤히 내놓고서 '만병통치약'이라는 주사 한 방을 맞고 있다(집에 가면 "주사는 잘 맞았어?"라고 꼭 물어보기 때문에 까먹고 오면 큰일난다). 진료비는 국민 건강 보험 혜택을 받지 않는 외국인인 내 기준으로 4.8유로, 7천 원 남짓하게 나오는데, 프랑스에서 현재 의료 보험 가입자가 부담하는 비용에 가깝다. 내국인 가입자라면 훨씬 더 저렴하다. 그래서 외과 수술이나 중대한 처치를 받을 때도 당연히 대형 병원에 가는데, 고액의 비용과 장기간의 치료가 필요한 특정 질환의 경우 환자의 부담을 줄여주는 '산정 특례 제도'까지 있다고 한다.

병원에서 나오면 약을 타러 갈 차례다. 한국은 약국이 넘쳐나는데, 구멍가게만큼 작은 곳도 있고, 종로5가나 동대문 같은 데서 볼 수 있는 것처럼 널찍한 매장도 있다. 한국어를 잘 모르는 사람을 위해 밝혀두자면 '약국'이라는 말은 '약藥'

이라는 명사에 '부서'를 의미하는 '국局'이라는 한자가 결합
된 단어로, 이곳에 가면 컴퓨터 앞에 앉은 직원이 당신을 맞
이하고 처방전을 받아 조제실에 전달한다. 약사는 투명한 약
포지로 만든 작은 개별 봉투에 당신에게 필요한 개수의 알약
을 정확하게 넣는다. 프랑스에서는 상자째로 받아 약을 다 복
용한 뒤 포장은 버리거나 약국에 도로 갖다주는 게 원칙이지
만, 여기서는 그럴 필요가 없다. 약을 받기 전에 약사가 미리
알아서 분리수거를 다 해주기 때문이다.

안과 말고 안경점

한국에서 안과의사는 말 그대로 눈에 관계된 질환을 치료하는 전문의를 지칭한다. 달리 말해 안경과 관련한 처방을 써줄 필요가 없다는 뜻이다.

이 분야를 담당하는 곳은 안경점으로, 신속하게 시력을 측정한 뒤 적합한 도수의 안경을 추천해 준다. 아침에 맞추면 늦어도 그날 저녁이면 당신 코에 안경이 걸려 있다.

병원 앞마당처럼 거리를 활보하는 환자들

종합병원이나 개인 병원 근처에서 환자복을 입은 사람이 돌아다니는 모습을 드물지 않게 볼 수 있다. 누가 봐도 입원 환자다. 병실에만 갇혀 있기가 좀이 쑤셔서 담배 한 대 피우러 밖으로 나오는 사람도 있고, 주변을 어슬렁거리거나 입원 생활이 지겨운 다른 환자와 이야기를 나누는 사람도 있다. 길가에 나와 있는 환자를 보면 사적인 영역이 공적인 영역으로 바뀐 느낌이다. 환자복이 그가 처한 상황을 보여주며, 행인들은 안쓰러운 눈빛으로 그를 바라본다. 확실히 이 같은 차림은 공공장소에서 눈에 띄지 않을 수 없다. 이는 프랑스에서는 생각도 할 수 없는 일로, 환자는 기껏해야 자기가 입원한 병동의 복도만 왔다 갔다 할 수 있는 처지이고, 병원 내 카페테리아에 갈 때도 허가를 받아야 하기 때문이다.

한국에서 환자는 멋쩍어하기는커녕 주변 사람들에게 보란 듯이 자신의 딱한 형편을 알리는데, 이 역시 이 나라 사람들의 공동체 문화를 보여주는 것으로, 프랑스에서는 칠칠치 못하다고 여길 만한 행동이지만 여기서는 꼭 그렇지만은 않은 듯하다.

도로의 백전노장들

다들 알다시피 서울의 택시 기사들은 연세를 제법 잡수신 분들이 많다. 칠순이 넘은 어르신들도 종종 눈에 띈다. 내가 본 최고령자는 무려 여든두 살이셨는데, 핸들을 잡은 지가 반백년이라고 했다. 나이 때문에 감각이 무뎌진 건지, 아니면 평생 그렇게 운전을 해오신 건지는 몰라도 하도 쌩쌩 달리는 바람에 심장이 벌벌 떨리고 오금이 저려 죽는 줄 알았다. 그때를 생각하면 지금도 온몸의 털이 쭈뼛 서는 것 같다.

내비게이션이 별 쓸모 없는 나라

택시 기사한테 도심의 어디어디를 가달라고 정확한 주소를 대면 사뭇 놀라는 눈치인데, 그 반응에 내가 더 놀랄 때가 많다. 기사는 내 말을 되받아 내비게이션에다 대고 목적지명이나 주소를 읊는다. 그러면 이 장치는 기사 양반의 말을 재깍 알아듣고는 곧바로 경로를 보여준다. 하지만 서울의 도시계획은 그새 또 바뀐 데다 언제 지은 지도 모르는 새 건물이 번번이 튀어나와 길 안내든 뭐든 별 소용이 없고, 하루 중에도 몇 번이나 이런 상황에 맞닥뜨리기 일쑤다.

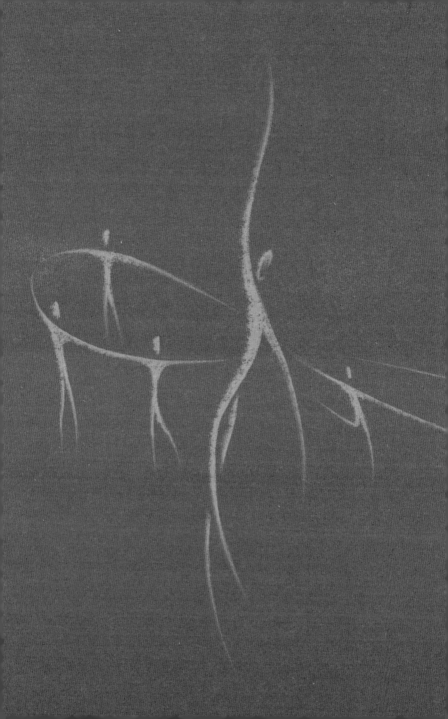

7부

경이로운 사람들이 모여
이룬 나라

아, 기다리고 기다리던
노벨문학상!

얼마나 손꼽아 기다렸던가! 드디어 한국이 세계 최고의 문학상을 받는 쾌거를 이룩했다. 2024년 11월 노벨 위원회는 대중성과 시류에 편승하지 않고 인간 존재의 본질과 의미를 치열하게 탐구해 온 한국의 소설가 한강을 올해의 수상자로 선정했다. 자국 작가의 노벨상 수상은 이 나라에 비할 데 없는 기쁨을 안겨주었다. 2000년 김대중 전 대통령의 평화상 수상 이래로 한국인들은 또 다른 노벨상을 간절히 바라던 터였다. 따라서 이들은 누가 봐도 응당 받을 만했던 한강의 수상을 국가 전체에 대한 영예로 받아들였다.

노벨문학상 수상자의 전 작품은 당연히 판매량이 폭증했으나 아쉽게도 문학 전반으로 여파가 미치지는 못했다. 하지만 이를 계기로 종이책이 다시 붐을 이루기 시작했는데, 이제 책을 읽는 사람이 보기 드물어진 지하철(독서 인구의 '바로미터'라고 할 수 있는 곳이다)에서 이 같은 현상이 다시 나타나게 된 것이다.

그런데 이번 수상과 관련하여 가장 놀라운 것은 바로 국가적인 긍지다. 자국 작가의 노벨문학상 수상은 독서율이 줄어드는 한 나라에서 자극제가 된다. 이와 함께 신간 출시와 국내외 홍보, 바이럴 마케팅 등도 무기력증에 빠져 있는 문학을 깨울 수 있다. 공동체 의식과 국민적 자긍심, 소속감 때문에라도 이 나라 사람들은 마치 아주 조금은 자기 자신이 이 명예로운 상을 받은 기분이 들 것 같다.

노벨문학상과 한국문학의 전망

한강의 노벨문학상 수상으로 인한 환희는 이 나라의 역사와 문화를 모른다면 상상하기 어려운 것이다. 작가는 자신이 운영하는 서점을 잠시 닫아야 했고, 자택 앞은 수상을 축하하는 꽃다발과 화환이 넘쳐났다. 주요 온라인서점은 접속이 폭주했으며, 서울 시내 여러 대형서점도 발 디딜 틈이 없을 만큼 붐볐다. 하지만 여기서 잊지 말아야 할 점이 있다. 상업성과 조금도 타협하지 않고 순수문학이라는 외길을 걸어온 이 여성 작가에게 이토록 명예로운 상이 수여되기까지 한국은 참으로 오랜 시간을 기다려야만 했다는 사실이다.

실제로 최근 십여 년 전부터 해마다 노벨문학상 수상자 발표 시기 즈음이면 물망에 오른 문인들의 집 앞에 기자들이 몰려가 밤새도록 기다리곤 했다. 따라서 독서 인구가 점점 줄어들고 있는 이 나라에서 노벨문학상은 단지 한 개인만의 영예가 아니다. 한국은 한강 작가의 이번 수상을 국제무대에서 인정받기 위해 50년 전부터 노력을 아끼지 않은 국가와 민족에 대한 공인公認으로 여긴다.

올해 노벨문학상은 사회언어학적 관점에서 '피지배 언어권'의 여성 작가에게 수여되었다는 점에서도 특기할 만한데, 한국어의 경우 '지배 언어'라고 불리는 주요 언어들과는 비교할 수 없을 만큼 화자 수가 적다는 점에서 이같이 분류된다. 한국어는 국제 교역과 문화 교류의 언어가 아니고, 상징적인 차원에서도 그렇다. 한국어에 대한 열광도 이제 갓 시작된 현상이어서 다극화된 오늘날의 세계에서 아직은 중요한 위치를 차지하지 않는다고 볼 수 있다. 따라서 한강 작가 개인의 영광을 넘어 이 같은 피지배 언어권에서 노벨문학상 수상자가 배출되었다는 사실 자체만으로도 매우 고무적이다.

　　오래전부터 프랑스에 한국문학을 알리는 일을 해온 나는 이번 노벨상 수상이 진정한 전환점이 될 것인가, 라는 질문을 종종 받는다. 점쟁이도 아닌데 무슨 재주로 앞날을 예측하겠는가. 다만 이전에 수상한 국가들의 사례를 미루어 짐작해볼 수는 있을 것 같다. 내가 기억하는 바로는 탄자니아와 카리브해의 작은 나라인 세인트루시아, 벨라루스, 핀란드, 그리고 중국도 상을 받았다(중국은 심지어 두 번이나 수상했다). 하지만 프랑스 출판계에서 이들 국가의 문학이 차지하는 위상에는 딱히 큰 변화가 없었다. 한국은 부디 예외이기를 바랄 뿐이다.

시를 잊은 나라는 미래가 없다

책방에 가면 시집이 쌓여 있고 시에 대한 열정이 식지 않는 나라에 사는 한국 독자들은 진정으로 복 받은 사람들이다. 미셸 드기Michel Deguy의 말마따나 "길 잃은 독자들"밖에 보이지 않는 프랑스 시와는 달리 한국 시는 계속 순항 중이다. 프랑스에서 시는 침묵 속에 죽어가고 있다. 프랑스의 위대한 시인 이브 본푸아Yves Bonnefoy는 "시를 잊은 나라는 미래가 없다"라고 탄식했다. 이 말이 한국에는 해당하지 않아 다행이다.

한국에는 놀라운 판매 부수를 기록하는 베스트셀러 시집이 수두룩하다는 말을 들으면 프랑스인들은 입을 다물지 못한다. 프랑스 현대 시의 경우, 몇 손가락 안에 드는 시인들이 초쇄도 다 못 파는 경우가 허다하기 때문이다.

반면 한국 시는 경이로우리만큼 역동적이다. 서사 양식 따위는 개의치 않는 한국 시는 출판 시장이라는 드넓은 바다에서 자치권을 지닌 섬처럼 존재한다. 여기에는 생각보다 복합적인 이유가 존재하는데, 몇 가지 비교를 해보면 이 장르의 특징이 더욱 두드러진다. 시는 허구와는 달리 합리성이라는 틀에 얽매이지 않고 감정을 자유롭게 발산한다. 시는 눈물을 왈칵 쏟아내는 것도, 지나간 나날을 그리워하는 것도, 꽃밭 앞에서 가슴이 뭉클해지는 것도 부끄러워하지 않는다. 그러나 내가 보기에 그보다 더 중요한 이유가 있는데, 바로 허구가 시장의 요구 앞에서 종종 굴복하는 그 지점에서 한국 시는 언어 자체를 실험한다는 것이다.

그늘마저도 매혹적인 한국 영화

유럽, 적어도 프랑스에 소개되는 한국 영화는 만장일치로 호평을 받고, 세계 최고의 영화 중 하나로 꼽히기까지 한다. 〈기생충〉이 수상한 것도 바로 프랑스에서 열리는 칸 영화제에서다. 사실 새삼스러울 것도 없는 성과인데, 그만큼 한국 영화의 수준이 매우 높기 때문이다. 봉준호, 박찬욱, 이창동, 김지운 감독 등의 작품은 주제가 무엇이든 더할 나위 없는 감동을 준다.

그런데 한 가지 놀라운 점은 이렇게 해외에서 주목받는 작품들이 한국 내에서 제작하고 소비되는 영화들과는 결이

다르다는 사실이다. 외국에 소개되는 한국 영화는 분명 작품성이 뛰어나기는 해도 사회의 좋은 면을 보여주는 것과는 거리가 있다. 이들 작품에는 이 나라의 여러 제도에 대한 비판과 사회 계층의 대립, 비참함과 폭력, 과잉 노동 등의 현실이 빠지지 않는데, 영화가 사회 비판의 수단이 될 수 있다는 증거이기도 하다. 한데 대외 이미지에 그토록 신경을 쓰는 한국 정부가 이 같은 예술작품들이 널리 알려지도록 내버려둔다는 게 좀 의아하다. 드라마도 마찬가지다. 어떻게 보면 자국의 어두운 그늘마저도 매혹과 감탄의 대상, 즐거움과 이해, 때로는 망각의 소재로 삼을 수 있다는 것이야말로 이 나라의 저력이 아닐까 싶다.

뿌리 깊은 악습에도 굴하지 않고
앞으로 나아가는 사람들

드라마에 나오는 한국 이미지와 실제 한국의 모습 사이에는 상당한 괴리가 있다. 드라마 속 살인자들은 인정사정없고, 조폭들은 피비린내가 나며, 도둑놈들은 한탕에 눈이 멀었다. 평범한 사람들도 허구한 날 싸움질을 해대고, 유명 인사들은 하나같이 썩었다. 이 같은 이미지는 〈퀸메이커〉 같은 드라마에서 절정을 이루는 듯한데, 서울시장 선거에 출마한 두 후보자의 경쟁이 암살로 치닫고 진영 내부의 부패와 폭력도 극에 달하는 것이다.

그렇다면 이 차이는 어디서 비롯되는 걸까? 한갓지게

사는 어느 노인네의 삶을 영화로 만들어봤자 하품만 나올 뿐이고, 주먹질과 칼부림이 난무하는 영화가 훨씬 더 아찔하다. 물론 극화하는 과정에서 흥미가 배가되기도 한다. 또 드라마에서 보여주는 것과 실제가 똑같다고 믿을 만큼 시청자들이 바보도 아니다. 한데 여기서 놀라운 것은 한국 정부가 국제무대에서 보여주고자 하는 이미지와 이 나라의 드라마 산업이 이를 구현하는 방식이 궤를 달리한다는 사실이다. 한국의 소프트파워는 삶의 멋과 여유, 특유의 감각과 손재주를 바탕으로 구축된 반면, 드라마는 "고요한 아침의 나라"보다는 '정글의 법칙'이 지배하는 사회의 이미지를 재현한다. 모두가 웃으며 끝나는 해피엔딩이라도 다르지 않다.

그러나 드라마 대본은 순전한 상상의 소산이 아니다(이 기회를 빌려 한국의 여성 작가들에게 찬사를 보낸다. 감독들이 대개 남성인 데 반해 작가들은 거의 여성이라는 점이 놀랍다). 부패와 불의, 사회적 차별과 폭력, 가부장제 등은 한국 역사에 늘 존재해 왔는데, 드라마는 이를 현대적으로 반영한 것이다. 해외 시청자는 이 극명한 대조에 놀랄 수 있는데, 끔찍하고 살 떨리는 폭력과 "소소하지만 확실한 행복"이 공존하는 것이다.

사실 다른 나라도 다 그렇기는 하다. 한데 여기서 대단하다 싶은 것은 이 나라에 존재하는 부패를 위시한 온갖 문제를 감추지 않는 솔직함이다. 폭력과 범죄는 전형적인 인물을 통해 구현되어 대번에 알아볼 수 있다. 이렇게 해서 한국 드라마는 다수가 꺼릴 만한 요소를 상당히 지니고 있음에도 불구하고 실제로는 정반대 현상이 발생하는 것이다.

프랑스만 해도 한국 드라마를 꼬박꼬박 챙겨보는 팬들이 적잖다. 이 나라를 질색하게 만드는 묘사와는 상관없이 한국인들의 성품과 예의범절, 노인 공경, 낭만적 성향을 높이 사기 때문이다. 최근 젊은 층을 대상으로 수행된 한 사회학 연구에 따르면 한국은 미국 문화의 영향을 지나치게 받은 서양의 반反 모델을 표상한다는 사실을 알 수 있다. 가부장주의

나 남녀 차별, 과도한 경쟁 같은 고질적인 문제에도 불구하고 긍정적인 평가가 주를 이루는 것이다. 이들 젊은이 중 상당수가 한국에 한 번도 가본 적이 없는데, 드라마와 대중음악, 그리고 더 드물기는 하지만 영화나 문학을 통해 한국이라는 나라를 상상한다. 그런 점에서 드라마의 이미지와 젊은이들과 중장년층의 이 나라에 대한 인식 사이에 존재하는 간극이 꽤나 놀랍다. 막상 이곳에서 사는 건 그리 녹록지 않아 보여도 한국만큼 큰 사랑과 관심을 받는 나라도 없는 것 같다. 이는 한국 자체보다는 한국인들에 대한 관심이라고 볼 수 있다. 뿌리 깊은 악습에도 굴하지 않고 아찔하리만큼 빠른 속도로 나아가는 이 나라 사람들, 넘어질 때마다 더욱 굳세게 일어나는 한국사람들을 보면 반하지 않을 수 없고 어느새 가슴이 뭉클해진다. 드라마는 여전히 이 나라의 섬뜩한 이미지를 보여주겠지만, 한국인들은 전 세계에서 쭉 사랑받을 듯하다.

코리안 폴리Korean Folie

이 모호한 표현 뒤에는 다양한 부류의 프랑스인들이 이 나라에 대해 품은 과열된 열정이 숨어 있다. 20여 년 전부터 프랑스의 젊은이들과 중장년층은 한국의 언어와 문화, 특히 대중음악과 드라마, 영화 등에 푹 빠져 있다. 도대체 무슨 일이 있었기에 한 나라에 대한 관심이 열광으로 바뀐 걸까? 분명 한국 영화가 주목을 받고 있고, BTS는 멋지고 노래도 잘하며, 드라마는 흥미진진하고, 한식은 정말 맛있는 데다 서울의 밤문화는 신이 난다. 하지만 이게 전부일까?

다들 알다시피 한국의 '소프트파워'는 효과가 있었다.

한국 정부의 마케팅은 치밀했고, 이 나라는 국제무대에서의 위상과 그 영향력에 비해 훨씬 더 좋은 이미지를 지니고 있다. 한데 이 모든 게 소프트파워 덕분이라면 다른 나라도 못할 이유가 없다. 한국사람들과 이야기해 봐도 다들 해외에서의 열렬한 반응에 사뭇 의아한 눈치다. 그렇다면 이 같은 현상은 어디서 비롯되는 걸까? 일종의 유행으로 보아야 할까? 그렇다면 이런 '트렌드'는 앞으로도 쭉 이어질까, 아니면 '반짝인기'에 지나지 않을까? 또 한국이 유독 뛰어나서일까, 아니면 다른 나라들이 부진해서일까? 딱 잘라 말하기는 어렵다.

1990년대에서 2000년대 사이에 구상된 소프트파워, 즉 '연성 권력軟性 權力'이라고 풀이되는 이 정책은 한국이 지닌 명백한 매혹의 수단이자 문화 산업과 첨단 기술 수출의 견인차가 되었다. 무엇보다 놀라운 사실은 이 소프트파워가 일종의 '국가 브랜드'로 자리 잡게 되었다는 것이다. 한국이라는 나라를 하나의 브랜드로 만들고자 하는 의지는 'K'라벨로 집약되어 'K-팝' 'K-뷰티' 'K-문학' 'K-푸드' 등의 용어가 생겨나기에 이르렀다. 이렇게 해서 모든 분야가 '한국'이라는 브랜드의 상품으로 탈바꿈했다. 이제 무엇이든 앞에 'K'만 붙이면 되는 세상이 되었다. 이렇듯 정부 기관에서는 대외 홍보 정책을 내놓을 때마다 'K' 라벨을 갖다 붙인다.

하지만 여기서 간과하지 말아야 할 점이 있는데, 이 라벨 뒤에는 그리 찬란하지만은 않은 현실이 가려져 있다는 사실이다. 'K' 라벨은 이 나라가 겪고 있는 여러 가지 어려움을 숨기면서 이상화한 브랜드로, 'K' 마케팅은 놀라움의 '종합 선물 세트'다. 이 매혹을 만들어내기 위해서는 두 가지 요소가 필수적인데, 바로 수요와 공급이다. 새로운 신화를 만들어내야 할 필요가 없었다면 '한국'이라는 브랜드도 썩 매력적이지 않았을 테다. 자국의 신화에 이미 지쳐버린 서구의 여러 나라는 다른 연안을 애타게 꿈꾸고 있었고, 그 열망이 출구를 찾은 것이다. 하지만 왜 하고많은 나라 중에서도 한국이 그 이상향으로 떠오르게 된 걸까? 반만년의 역사를 지닌 한국은 자본주의 체제의 진입과 더불어 비로소 국제무대에 정식으로 등장했고, 이렇게 다른 나라들의 기대에 부응하면서 주목받는 신흥 국가로 부상하기에 이르렀다. 경치가 아름다운 나라는 수두룩하고, 다른 문화권에도 내로라하는 가수나 배우가 한둘이 아니며, 그들의 영화도 흥미롭다. 하지만 오직 한국만이 놀라운 열정을 만들어내는 능력을 갖춘 것으로 보인다. 서구의 모델이 빛을 잃은 시점에서 이 나라가 창조해 낸 새로운 상상 세계가 많은 이를 매혹한 것이다. 이것 말고는 달리 설명할 길이 없다. 이전에 우리의 마음을 사로잡았던 것이 이제는 그 힘을 잃었다. 가령 프랑스어나 프랑스문학이 그렇다. 새로 나타난 존재가 질적으로 더 우수하다는 보장은 없어도 더 매력적인 것만은 사실이다. 서구의 오래된 나라들은 더 이상 신화를 만들어낼 기력이 없고, 자연은 빈틈을 끔찍하게 싫어한다. 그 자리에 새것이 깃드는 법이다.

나라가 어두울 때

가장 밝은 것을 들고나오는 국민

2024년 겨울, 찬 바람 몰아치는 거리에 나온 한국인들을 보고 어느 외신 기자가 한 말이다. 이 나라 사람들이 촛불을 든 것은 이때가 처음이 아니었다. 이전에도 이들은 나라가 어려울 때마다 서슴없이 나섰다.

'촛불 집회'라고 불리는 시위는 2002년 11월 미군의 장갑차에 치여 숨진 두 여중생의 추모와 사인死因 규명을 위해 처음 시작되어 2008년 5월 미국산 쇠고기 수입 반대를 계기로 널리 퍼졌다. 그리고 6년 후, 2016년 10월에도 수많은 군중이 박근혜 전 대통령 퇴진을 외치며 광장에 모였다. 그해

겨울, 거리는 촛불의 물결로 가득했고 곳곳에서 흥겨운 콘서트가 열렸다. 군중 가운데는 유모차를 끌고 나와(당연히 아기들이 타고 있었다) 행렬의 선두에 선 이들도 보였다. 무력 진압을 막고자 한 의도였지만, 그런 와중에도 시민들은 자신들과 마찬가지로 추위에 떨고 있는 경찰들에게 따뜻한 커피와 간식을 챙겨주었다.

이러한 연대의 몸짓은 이후에 시위 문화의 일부가 되어 올해도 가슴 뭉클한 광경을 곳곳에서 볼 수 있었다. 유명 배우와 가수들이 광장에 나온 시민들을 위해 푸드 트럭을 보냈고, 지지자들도 음식을 사 와서 시위 장소에 전달했다. 해외에 사는 교민들 역시 인터넷으로 음료와 커피를 대량 주문해서 집회 참여자들을 격려했다. 이렇듯 한국인들은 오래전부터 권위주의에 짓눌려 있던 사회에 새로운 활기를 불어넣었다. 집단적 의무감 대신에 자발적 연대를 꽃피운 것이다.

이 같은 대규모 움직임은 1997년 IMF 외환 위기 당시 국민 한 사람 한 사람이 장롱 속에 넣어둔 금붙이를 모아 국가 부채를 갚는 데 보탰던 일을 떠올리게 한다. 17세기에 태동하여 18세기에 만개한 유럽의 계몽주의는 어둠에 맞선 빛의 투쟁이었다. 한국인들은 유례없는 방식으로 이 빛을 사용해서 전 세계에 대중 지성과 성숙한 시민 의식의 본보기를 보여주었다.

일상 속에서 사유한 한국인의 경이로움

고대부터 경이의 개념은 한 걸음 뒤로 물러나 우리를 둘러

싼 세계를 다시금 생각해 보는 방식을 지칭하기 위해 빈번

하게 언급되었다. 이는 성찰을 불러일으키는 감정으로, 이

같은 방식을 통해 인간은 자신이 알고 있는 것의 한계를 경

험하고 새로운 지식을 얻고자 하는 것이다. 질문이 지식을

불러온다면, 그 질문을 불러오는 것은 바로 경이다. 이 같

은 '통상적인 것을 낯설게 하기'를 통해 인간은 언제나 관

습에서 벗어나고 신앙을 넘어서며 고집과 확신, 자명함과

단절하는 수단을 발견해 왔다.[10]

조리스 티에브나즈의 글은 한국뿐 아니라 한국인에 대해 논하면서 어느 이방인이 반복적으로 경험한 '경이'라는 감정에 그 어떤 의미를 부여하고자 하는 이 책의 집필 의도를 매우 훌륭하게 요약한다. 우리가 지각하는 것에 대해 성찰하고 그 의미를 알아내려는 행위는 단순히 깜짝 놀라는 것과는 다른 차원에 속한다. 깜짝 놀랐을 때는 그저 얼떨떨하고 멍하기만 할 뿐이다.

이 작은 책을 통해 나는 한국인들을 더 깊이 이해하기 위해 이들이 실제로 어떻게 행동하는지 알아보고자 했다. 따라서 '왜요?'라는 질문이 끊이지 않는 어린아이들처럼 묻고 또 물었다. 한국사람들은 왜 속도에 매혹되는 걸까? 왜 다 같이 어울려 노래하는 걸 좋아할까? 이건 왜 이렇고 저건 왜 저럴까? 매번 답을 얻지는 못했지만 질문을 거듭할수록 신기함과 의아함이 더해갔다. 그렇게 이 감정에 계속 마음을 열어두었다. 다시 말해 내 앞에서 일어나는 일을 그저 바라보기만 할 뿐, 그것에 이름을 붙이고 의미를 부여하려는 어설픈 유혹을 떨쳐버린 채 우선 있는 그대로 받아들이고 그런 다음 푹 빠지고, 나중에 설명을 해보려고 한 것이다.

시도는 늘 성공적이지 않았다. 내가 만든 틀에 집어넣으려고 임의로 현실을 왜곡하면서 엉뚱한 상상에 빠지지는 않았을까 하는 우려도 적잖았다. 그래서 한국인 친구들한테 원고를 읽어달라고 부탁하기도 했다. 이렇게 해서 이 책이 나오게 되었다. 그 과정에서 수차례 프랑스와의 비교가 불가피했는데, 두 문화의 차이가 극명한 만큼 손쉽게 견주어볼 수 있었기 때문이다.

한데 이 같은 비교는 역방향의 충격을 가져오기도 했다. 가령 이렇게 더 빨리하는 기술이 있는데 프랑스에서는 왜 그렇게 더딜까, 라는 의문이 들기도 한 것이다. 그러면서 여러 가지 질문이 꼬리에 꼬리를 물고 이어졌다. 이렇게 놀라운 차이를 만들어내는 것은 무엇일까? 한국에서는 그때그때 융

통성을 발휘하기 때문일까? 아니면 어느 정도 위험을 감수하는 것도 개의치 않아서일까? 그것도 아니면 결국 '보상 심리' 때문일까? 다시 말해 뒤늦게 근대에 진입했지만 본래 속도에 대한 열망이 컸기 때문일까? 그렇다면 어떤 행위를 판단하지 않고 성급하게 결론을 내리지도 않으면서 전체적인 그림을 볼 수 있는 방법은 무엇일까?

따라서 이 작은 책이 시도한 것은 바로 이런 연습으로, 여기서 나는 한국인들을 가장 일상적인 장소와 보편적인 맥락에서 이해하려고 해보았다. 사소한 몸짓과 친숙한 장면, 눈에 보이지 않는 구조, 쉽게 지나칠 만한 상황, 또는 생각은 해도 이내 잊어버리는 상황. 하지만 그곳에 사는 사람들의 성향을 단적으로 드러내는 모든 상황을 유심히 살펴보고자 한 것이다. 거창한 의도 없이 소박하게 시도한 이 같은 '일상의 민족학' 연구는 내게 한국의 문화와 관습, 역사뿐 아니라 이 나라의 고유한 특성에 대해 많은 것을 알려주었다. 그래서 어느 하나 그냥 놓치지 않으면서 짧막한 비판이든 심도 있는 논평이든 그 어떤 평가도 내리지 않으려 했다. "내가 아는 것은 오직 하나, 나는 아무것도 알지 못한다는 것이다"[11]라는 고대 철학자의 고백만을 되뇌면서 그저 경이 속에 머물고자 한 것이다.

2025년 1월

장클로드 드크레센조

주석

1   실비 제르맹, 『프라하 거리에서 울고 다니는 여자(*La Pleurante des rues de Prague*)』, 폴리오 갈리마르, 1994, 25쪽(국내에는 김화영 교수의 번역(문학동네, 2006, 김화영 옮김)으로 출간되었다).

2   조리스 티에브나즈, 『경이에서 학습까지: 더 나은 이해를 위한 탐구(*De l'étonnement à l'apprentissage : Enquêter pour mieux comprendre*)』, 2017, 루뱅라 뇌브·드 보엑 쉬페리외르, 4장 「사유의 몸짓으로서의 경이(*L'étonnement comme geste de pensée*)」, 63~86쪽.

3   엘레나 페란테, 『프란투말리아. 글쓰기와 나의 삶(*Frantumaglia: l'écriture et ma vie*)』, 갈리마르, 2019, 435쪽.

4   미르치아 엘리아데, 『신앙과 종교적 신념의 역사(*Histoire des croyances et des idées religieuses*)』, 1권, 파이요, 1976, 28쪽(한국에는 '세계종교사상사' (1~3권, 이학사, 2005, 이용주·최종성·박규태 옮김)라는 제목으로 번역되었다).

5   피에르 부르디외, 「제도적 행위로서의 의례(*Les rites comme actes d'institution*)」, 『사회과학연구의 행위(*Actes de la recherche en sciences sociales*)』, 메종 데 시앙스 들 롬, 1982, 55~63쪽.

6   마틴 프로스트, 『80개의 단어로 본 한국(*La Corée en 80 mots*)』, 아지아테크, 2023, 49쪽.

7   한국인에게는 기본 상식이겠지만, 나는 앙드레 파브르의 저서 『한국의 장구한 역사(*La grande histoire de la Corée*)』(파브르, 1988)를 읽고 제대로 알게 되었다.

8   알베르 카뮈, 『전락(*La Chute*)』, 갈리마르, 1956, 42쪽(국내에는 김화영 교수의 번역으로 널리 알려져 있다).

9   출처: https://www.donneesmondiales.com/

10   조리스 티에브나즈, 『경이(*L'Étonnement*)』, 르 텔레마크, 2016, 17~28쪽.

11   소크라테스가 남긴 말로 추정된다.

경이로운 한국인

1판 1쇄 발행 2025년 3월 31일

지은이	장클로드 드크레셴조
옮긴이	이소영
발행인	신혜경
발행처	마음의숲

편집이사	권대웅
편집	조혜민
디자인	이윤교
마케팅	오세미

출판등록	2006년 8월 1일(2006-0001595호)
주소	서울시 마포구 와우산로30길 36 마음의숲빌딩(창전동 6-32)
전화	(02) 322-3164~5	팩스 (02) 322-3166
이메일	maumsup@naver.com
인스타그램	@maumsup

용지 월드페이퍼(주) 인쇄·제본 (주)에이치이피

ISBN   979-11-6285-168-5